钱杨撷拾

钱锺书、杨绛及其他

黄恽 著

人民东方出版传媒

东方出版社

自序

生平不喜为人作序，故亦不求序于人。

照例自己操刀，简单说几句，以补空白：

《钱杨摭拾》是我阅读钱锺书、杨绛、兼及钱家和杨家众人文章和行迹的一本掌故笔记。

钱基博和杨荫杭是儿女亲家，他们两家都是现当代名人辈出的家庭，无论文学界、教育界、翻译界、史学界、法律界……都有声名卓著的人物，吸引了无数文人学子的研究眼光，写下了无数有关钱杨两家的文章。拙著另辟蹊径，写些少有人道及的钱杨人事。

我谨守掌故作家的界限，只谈掌故，不涉其他，还请爱读拙著的朋友们鉴谅。

　　十余年来，所得仅此。兹分"谈钱""说杨"两部分别言之。

目 录

上辑　谈钱

下辑 说杨

附录　钱基博谕儿两札

上辑｜谈钱

钱锺书的祖辈

辽宁教育出版社的新世纪万有文库收有陈三立《散原精舍文集》，说实在的，这书标点有一些错误，有些错得还很可笑。当今学者读文言文读不通已是常见了，也不必苛责。

散原老人的文章，当年虽地位甚高，却不及他的诗，他的诗名更高。不过，细看文章，散原老人写得也极用心，文章中可见他的思考，这就不是一般为文的人能达到的，像他的诗讲究炼字一样，他的文章也避熟，在结构和用词上都力求变化，跳出桐城派的窠臼，迥异于同年代的一般作者，读来不禁感叹名下无虚。

这里要说的是，文集中有一篇《钱榕初先生家传》。

这位钱榕初，名不见经传，却是钱基博的祖父，钱锺书的曾祖。

读此文，可以了解到钱锺书祖辈的一些情况。

大家都知道钱锺书故居在无锡，其实，无锡钱家来自常州金匮。《家传》说：钱先生维桢字榕初，常州金匮人也。

钱榕初的父辈与祖辈，散原的笔未作过多的停留：大父某，父某，并以雅儒高学见称当世。据我看，大概并无足称，只能虚晃一枪，略过不提。很可能是读过点书的商人吧。

钱榕初在常州，师从江阴陈良显孝廉（笔者按：即举人）和武进县令李兆洛，与无锡举人张兰阶、布衣余治、秀才沈銮和吴县冯桂芬为友。其中冯桂芬和李兆洛，声望名头最著。这里用所交往的人来衬托传主，物以类聚人以群分，友朋自然可以提高他的声价。

钱榕初功名不显，只是一名廪贡生，候选县学训导，比最起码的教谕还低一阶，只比他的朋友余治稍好一点，在讲科举的时代，这样的官职注定做不了什么大事。钱氏不肯做这么小的官，就在家坐拥皋比做猴子王：蒙塾的老师。不过，钱榕初做的是义塾的塾师，这就不简单，可见他家境的富裕，他有钱，所以看不上县学训导这种冷官闲职，又不愿闲在家里，就弄了个义塾，做做好事，教教学生，以现在的话来说，是把自己奉献于启蒙教育事业。

钱榕初做塾师，订出的义塾章程，为江苏巡抚丁日昌嘉许，发下去要江苏各县镇的义塾参考或作为楷则。

不知为了什么（据我判断是因为太平天国战乱），钱榕初由金匮迁居到了无锡的东亭，他来到新的地方，继续自己的事业，"又建两义塾，曰崇仁、向义"。

钱榕初一生的社会事迹也就这些，说不出更多，散原老人再举了一个个人品德的事例：

> 有讼争产于郡守者，以先生为守所重，馈八百金，请开说。先生念拒不受必他投，愈滋讼累破家矣，因笑应曰"诺"，则为设方略，底无讼而还其金，其人感泣去。

面对争产的一方，为了赢得官司，而来花钱请托，钱榕初想的办法是劝其息讼，然后——不为八百金所动——

还金。这简直可说是全心全意为人民服务，此人不感动也难。散原老人说钱榕初能淡泊而耿介，还能曲尽人情，不苟为矫异。淡泊是不收金，曲尽人情是佯诺而设方略、息讼。不苟为矫异是不当即拒金而训斥此人收买，坏人名誉也，很多矫异之人会让人下不了台，以显示自己的淡泊节操，钱榕初不是这样，所以此人才会感泣。

钱榕初活到七十五岁，有五子：福炜，举人，长洲县教谕；熙元，副贡生；福煩，郡庠生；福烔，附贡生；福炽。

钱锺书的祖父是福烔，目前在无锡市健康路新街巷30号到32号的钱锺书故居，就是其祖父钱福烔在1923年建造的（1926年钱基厚进行了扩建）。

当年请名人写一篇寿序、墓志铭等文章，大约要三百两银子，一篇家传也不会便宜多少，钱家有的是写文章的人，为什么还要请陈散原来写呢？显亲扬名也，主要是看重陈三立散原这个名头。散原老人在文章的最后还赞扬了一番钱基博，看来很可能是钱基博出钱请他写的，所以散原说：若先生其人者，愈悟垂范诒谋之匪偶然矣。这是赞扬钱基博文章事业离不开祖父的言教与身教的话。

钱基博与陶大均

1910 年，时任江西提法使的陶大均，忽然赏识了一个无锡的年轻人，他就是钱基博。

陶大均，浙江绍兴人，早年留学日本，毕业后，供职于中国驻日使领馆多年，受业于遵义黎庶昌（黎庶昌为曾国藩门下士，曾任出使日本大臣，陶为其下属），清政府签订《马关条约》，陶大均是通译，因而为李鸿章所知。回国后，在李鸿章的提携下，走上官场，1910 年，任外务部左丞，相当于如今的外交部副部长，不久又授江西按察使，旋改提法使。

按察使又称臬司，乃是清朝主管一省刑名的最高官员，清末立宪，官制变化，改称提法使。

陶大均知道钱基博很是偶然。一次，他的僚属在议论钱基博的文章，褒贬不一，陶大均拿来一看，"骇为龚定庵复生"，又得"曾文正公所谓阳刚之美"。就这样，陶大均把过去"老领导"李鸿章对他奖掖提拔，转而倾注到了青年钱基博身上，马上亲自修书一封，请钱基博前来江西辅佐他。

陶大均不过读了钱基博的几篇文章，就把爱才惜才的一片婆心表现得淋漓尽致，他请钱基博过来，给以月薪白银一百两的高薪，并不要他做具体的事务，只要他在身边以备咨询，等于是过去的清客，闲暇时谈谈学问，说说世界大势（钱基博十六岁时，曾撰写长达四万字的《中国舆地大势论》，刊发在梁启超的《新民丛报》上）。

那一年，钱基博才二十三岁，一直在无锡读书，并未出过远门。钱基博家教甚严，据他自己说："父祖者公以家世儒者，约敕弟子只以朴学敦行为家范，不许接宾客，通声气，又以科举废而学校兴，百度草创，未有纲纪，徒长嚣薄，无裨学问，而戒基博杜门读书，毋许入学校，毋得以文字标高揭己沽声名也！"虽然父亲不希望钱基博"以文字标高揭己沽声名"，但钱基博的文章早已在外面"沽"到了很好的声名,这次江西提法使慕名远道来聘,对于钱家来说,自科举废弃后,读书人的出身,入幕总是不错的选择。就这样,钱基博年纪轻轻从江苏无锡来到了江西南昌,成为陶大均的高等顾问。

钱基博在提法使衙门,把月薪悉数寄送无锡赡养父母,自己身边不名一文,"衣服敝旧,不改于初",每天读书作文不懈。同僚责他何必自苦乃尔?他朗然回答道:"余年少,又自知嗜欲过人,稍一纵欲,再回头不得,今手中不留一文钱,欲束身自敕以不入于慆淫耳。"(笔者按:慆淫,享乐过度,怠慢放纵之意)

不但自奉甚俭,钱基博还不近女色,同僚在宴会上召妓侑酒,调笑轻薄,钱基博则像个老夫子一般,低眉敛首,目不斜视,同僚因此每每不能尽兴。

晚清末叶,官场腐败已甚,文恬武嬉,享乐至上。钱基博这样少年老成,道学气十足,连提拔赏识他的陶大均也看不过去,觉得有点过分了。

钱锺书小说《围城》中方鸿渐的父亲,叫遁翁,迂腐而道学气十足，有人说钱基博号潜庐，与遁翁正好一对，遁翁颇有潜庐的影子，可见"小钱"也是这么看自己的父亲的。

陶大均和他的僚属们决定和钱基博开一个玩笑，看看这位年轻的"老夫子"究竟是过于挑剔，没有碰到心仪的美女，还是真的生就这样严正的脾性？

一天夜半，钱基博已在梦中，忽然当差前来喊醒了他，说陶大人有事请他马上去一下。上司见召，一定有什么紧急的事情要和他商量。钱基博不敢怠慢，马上赶了过去。

钱基博一到提法使衙门的堂上，但见灯火辉煌，陶大均和别的僚属都在。不是商议政事，却是在饮酒作乐，身边还招了不少妖娆的妓女。

陶大均见到钱基博赶来，马上在人丛中指定一位美女，对钱基博说："这位是南昌的花榜状元，名头很响，是我特意为你召的。你看如何？"

钱基博沉默了一会儿，也不看上司指定的美女，慢慢说："陶大人是江西掌风宪的，却在夜里召妓作乐，您以后如何来规范属下百官的行为呢？"说完随即退了出去。

同僚看到这位迂夫子的举动，居然叫陶大人下不了台，真是不识抬举到了极点，纷纷表态不屑与之为伍。

陶大均定一定神，放下惊讶和尴尬的神情，叹息说："钱基博是真君子啊。"这话颇有自我解嘲的味道。

翌日，钱基博前来拜谒陶大均，陶大均一见，即离座长揖而谢，说："君少年如此，乃令我辈愧死！然微君不能诤我，亦微我不能容君。"

从此以后，陶大均不再召妓，与钱基博谈话，也总是一本正经，休休有容。

这一年七月，陶大均于任上去世。钱基博也结束了人生第一次的幕僚历练。

钱基博与章太炎的两次见面

民国二十四年（1935 年）十一月初二，钱基博为他的第三个儿子钱锺英（上海光华大学外国语文学系毕业，曾在交通银行缅甸仰光分行和中国银行工作）和苏州汪氏订婚，从上海来到了苏州，借了当年观前街附近的中央饭店花园举行仪式。苏州汪氏原籍安徽，有一支移家杭州，如汪鸣銮、汪康年等，而汪鸣銮后来就侨寓吴门，汪家在苏州也是大族。

订婚仪式正在举行之际，忽然有两个不速之客前来闯席，一个是余杭章太炎，一个是腾冲李根源，两人"不介而至"，钱基博说"此诚不速之重客"。这次相见，据钱基博自己讲，是他对章太炎钦迟（笔者按：钦迟，仰慕的意思）二十年之后的初见。

参加完钱锺英的订婚仪式，章太炎并不即刻告辞，原来，他此来还有另一件事，那就是请钱基博到章氏国学讲习会演讲，时间定在七天后的初九。钱基博略作谦辞，随即答应下来。章太炎问钱基博想讲什么？钱基博回答说："腐儒曲学，寻章摘句，无不讲国学！然先生博学通人，不囿经师；章氏国学，别有义谛，所以章氏国学讲习，亦不可不别出手眼！余读先生之书，自谓粗有阔见，请即章氏国学讲习会为题，可乎？"这真是一个大胆的想法，当着章太炎的面，谈谈章太炎的学术与思想。这里的国学，有个前缀，不是一般的国学，而是烙上章氏印记的国学。钱基博一生从不曲学阿世，而是相当提倡立新求异，我们看他的现代文学史之作，他谈到每个人物，总不忘大谈其人标新立异之处，准于此，他也不怕班门弄斧，却偏要摸摸"老虎的尾巴"。章太炎也不以为忤，反而是"大喜称善"，正要听听这位后辈学人对自己的国学持什么看法和评价。

初九早晨，钱基博乘8点钟的沪宁特别快车，在9点

54 分赶到了苏州。章氏国学讲习会派出助教汪柏年前来迎候。汪柏年，浙江桐乡人，光华大学毕业生，曾师从钱基博，学古文，后来又受经学于太炎先生，帮助章太炎写成《古文尚书拾遗》，自著有《尔雅补释》，在苏州出版，他在国学讲习会教授《尚书》《尔雅》的课程。接到钱基博后，两人坐了黄包车来到锦帆路的章氏国学讲习会，这里也是章太炎的居所。章太炎连忙出迎，在书斋略谈之后，章太炎陪着钱基博来到讲室，章太炎也选了一个座位凝神听讲。

钱基博这次演讲，用了一小时二十分钟，对于章氏的国学讲了自己的理解，钱基博认为：章氏之学，内圣而外王，务正学以言，而目前以章氏之学招摇的人，则是曲学阿世，烦辞称说，不出训诂文字之末。"章氏以淹雅闳通之才，而擅文理密察之智，词工析理，志在经国，文质相扶，本末条贯，以孔子六经为根底，以宋儒浙东经制为血脉。"钱基博在文章中加注说：先生颇赞赏他这点真识，而这正是别人所忽略的。讲完之后，章太炎又把钱基博让进自己的书房，两人一谈，就谈到了时事。

1935 年的时事，红军长征似乎是绕不过去的话题，章、钱两人不知有没有谈到。不过，钱基博从章太炎的《革命道德论》谈到了革命和革命家，这一番话，很可引人深思。钱基博说："早年读先生革命道德论，意思深长，验之今日，知几其神！然革命与道德，本非同物：非反道败德，不能革命成功！几见秀才，而成造反。自古英雄，多起草泽；以非反道败德之人，不克摧社会之纲纪，而扰人心以久定也！汤武革命，应天顺人，然生人之象革曰：'革，水火相息，二女同居，其志不相得曰革。'革命成功，几见英雄；而革之为卦，取相二女，亦以革命之日久，习为猜忌，我杀人，安知人之不杀我；始以杀戮张威势，继以懦怯长猜忌，戈矛起于石交，推诚不见腹心，民不见德，惟乱是闻，举凡丈夫之磊落，胥成女性之阴贼，声声同志，人人离心，异己必锄，同气相残，人诋其阴狠，我知其内馁也！我革人命，人亦革我命；君以此始，思（惧）亦以此终。故曰'革，水火相息，二女同居，其志不相得曰革'！作易者其有忧患乎？"

这一长段话有几个层次，试析如下：首先，革命与道德是不相容的，要革命成功，必须"反道败德"才行。自古英雄，都是"反道败德"之人，只有这样的人，才能摧毁社会的法纪，扰乱久定的人心。随后，钱基博又以《易经》的革卦的卦辞来分析说，革命者总是"始以杀戮张威势，继以懦怯长猜忌，戈矛起于石交，推诚不见腹心"，因此，即使是磊落之丈夫，最终也会成为阴贼之人，人与人之间，表面上"声声同志"，实质上变得"人人离心"，"异己必锄，同气相残"，革命会使人异化，会使得磊落大丈夫也阴贼猜忌并互相杀戮。这就是革命的必然结果。章太炎"为之怃然"。这里的怃然，似乎应该解作吃惊，章太炎想不到眼前的矮个子钱基博，读他的《革命道德论》还得出了这样的结论，比自己的认识更进了一大步。

杨绛女士曾在《我们仨》里说她的公公钱基博"关心国是，却又天真得不识时务"，试想，能说出上面一番话的钱基博，会是一个天真而不识时务的人么？杨绛对钱基博的认识，我估计相当有限，说钱基博不识时务犹可，老知识分子择善固执，认死理儿是必然的，但说他天真，恐怕只是耳食，或也见得认识不深。老先生见多识广，思想深邃之处，不仅家人懵懂，世人更是难测其浅深。

说到这里，忽然想到一个关于钱基博的掌故。钱基博在《南通费允嘉家传》中大胆用了"落汤馄饨过刀面"等俗词俗语，惊得当年古文家目瞪口呆，古文家徐英因此讥嘲钱基博为"江湖名士"。名士而冠以江湖，岂有不识时务者乎？不过，窃以为国学大师钱基博为人严正，为文谨饬，尚不至于在家传中有这等逸笔，该传很可能出自钱锺书代笔。

　　钱基博与章太炎，两位国学大师，就是在这一年十天不到时间里见了两次面，再过七个月又五天，章太炎就在苏州去世了，那是 1936 年 6 月 14 日。

钱基博自蹈轻薄

《光华半月刊》（1932年12月）第四期，有一篇《愉（谕）儿锺书札两通》已经被"钱学"专家挖掘出来很长时间了，不过我还是想拿来说说。毫无疑问，作为父亲的钱基博对儿子钱锺书是满意的，但为父自然不能跟着别人一起光竖大拇指，那个时代的人还没有受过如今的心理学教程，不会以廉价的欣赏和夸奖来对待儿子的，钱基博对儿子的满意是在心里，嘴上不露，不但不露，还要教训几句，有些像《围城》中方遯翁的做派。

第一通书信开头便说："……悉温源宁师招汝入城，欲介绍往伦敦大学东方语文学院，教中国语文。去不去又是一说；而温师此番有意玉汝于成，总属可感！然儿勿太自喜！儿之天分学力，我之所知；将来高名厚实，儿所自有！然何以副父师之教，不负所学，则尚待儿之自力！立身务正大，待人务忠恕，我见时贤声名愈大，设心愈坏；地位愈高，做人愈错；未尝不太息痛恨，以为造物不仁，何乃为虎生翼！甚非所望于吾儿也！做一仁人君子，比做一名士尤切要。所望立定脚跟，善体吾意！不然，以汝之记丑而博笔舌犀利，而或操之以逆险之心，出之为僻坚之行，则汝之学力愈进，社会之危险愈大！"这些是钱基博有感于钱锺书待人不够忠恕，喜欢"博笔舌犀利"而生的教训。

为此，他还拿自己弟兄（他们是双胞胎，钱基博和钱基厚）两个做榜样："吾兄弟意气纵横，熟贯二十一史，议论古今人成败，如操左右券，下笔千言，绷绷不自休；而一生兢兢自持，惟恐或入歧途。以此落落寡合，意有所郁结不得摅，吾遁于文章以为娱嬉。而汝季父则终老其才于乡里，汝季父智计绝人，而阅其生平，未尝敢做一损人利己之事，未尝敢取一非分不义之财。"他的总体意思是，一定要立身正大，待人忠恕，宁愿志向不遂，心绪郁结。换句话说：做人要紧，即使因此而牺牲了自己的其他方面。钱基博为什么一而再，再而三地向儿子传授这样的思想呢？是不是做人与遂志根本上就存在不可调和的矛盾呢？是不是时贤之不堪，就是因为放弃了做人的准则才成功了自己的名声呢？这些问题，我想也不是钱基博能解释得清楚的。

另外，钱基博还认为钱锺书"才辩纵横""才辩可喜"是最危险的，"社会之恶化"正是源于"世所推称一般之名流伟人"之"恶化"。在这封写于1931年10月31日的信中，钱基博故意署名哑泉，而不是通常的"父字"之类，也有深意存焉，盖不愿钱锺书沉潜不足，才辩滔滔也。这也正是父亲为儿子赐字"默存"的原因所在。

以上是第一封信，随后11月17日，同样署名哑泉的第二封信更是有感而发："叠阅来书及《大公报》《新月杂志》，知与时贤往还，文字大忙！又见汝与张杰书云：'孔子是乡绅，陶潜亦折腰。'看似名隽，其实轻薄！在儿一团高兴，在我殊以为戚！"他发现儿子不但没听自己的教训，倒有变本加厉的嫌疑，在钱锺书本是自己取得进步，一团高兴，要父亲一起分享，孰料父亲担心更甚，真是劈头一瓢冷水。"知与时贤往还，文字大忙！"看似称赞，其实嘲讽。不仅如此，钱基博进一步对儿子教训说，我们父子"非修名之不立之难"，而是"修名何以善其后之难"！"现在外间物论，谓汝文章胜我，学问过我，我固心喜！然不如人称汝笃实过我力行过我，我尤心慰。""淡泊明志，宁静致远，我望汝为诸葛公陶渊明；不喜汝为胡适之徐志摩。"钱基博为什么这么说？盖在他看来"如以犀利之笔，发激宕之论，而迎合社会浮动浅薄之心理，倾动一世；今之名流硕彦，皆由此出，得名最易，造孽实大"！这一点正是他看不起胡适之暴得大名，认为新人物对社会造孽的理由。作为一个古文家，钱基博对胡适的反感可以说源自阵营的不同，胡适的做派与钱基博的"仁人君子"的理想也相距甚远。当时，胡适正努力做文章与新月同人在《新月》上大谈自己的宪政理想，批判民国的《临时约法》和质疑孙中山的"知难行易"。在钱基博看来，其子钱锺书目前足以凭自己的水平能力在学术圈里显亲扬名，只是如何有始有终，最后能否保持晚节的问题。这个担心来得好，后来钱锺书翻译毛选，又成为社科院副院长，虽非学术，也是缘于学术，这到底是不是"修名善其后"呢？可惜钱基博见不到这一幕了。

钱基博对儿子的教训，确实也影响了钱锺书。年少胡适很多岁的钱锺书除了继承父亲的观点外，对社会对人生的看法也与胡适迥不相同。钱锺书一生游走于新文学与旧文学之间，比较接近的还是旧派文人，只在三十年代初与新月派颇为接近，与胡适之徐志摩关系密迩罢了。更多时间，他对胡适之也鄙而远之，反而对吴宓比较接近，虽然他也同样看不起吴宓，但晚年至少对吴宓于传统的坚持表示了相当的敬意。

　　那么是否钱基博真如自己说的那样"立身正大，待人忠恕"，从不以"犀利之笔，发激宕之论"呢？事实上也不尽然。这里有个掌故，看看循循善诱教训儿子的钱基博又怎样自蹈轻薄，受到了别人的"教训"。

　　1934年，钱基博在《青鹤》杂志第十四期刊出《后东墅读书杂记》，说自己读书"发微抉奥，观其会通，究其流别，六通四辟，其运无乎不在"，而论范伯子文集，居然"粗读一过"，即发现"议论未能畅茂，叙事亦无神采，独以瘦硬之笔，作呻吟之语，高天厚地，拘局不舒，胡为者邪，吾欲谥以文囚"，这是相当不堪的评语。钱基博论范伯子诗云："范氏诗出江西，齐名散原，然散原诗境，晚年变化，辛亥以后，由精能而臻化机，范氏只此番境界，能入而不能出，其能矫平以此，而仅能矫平亦以此。"而读的态度又不端正：仅是"粗读一过"就骤下结论了。其论一出，范伯子的友好和弟子不干了，据徐一瓢说："吾友冯静伯见之，以子泉所言，近于昏瞀，抵书辩驳，子泉辞穷，复书一敛横恣之气，语调也变为谦抑，而谓静伯近于误会。且谓范先生风流文采照映人间"云云。于是，静伯把两人的通信寄给《青鹤》刊出，一时之间，钱基博对范伯子前后毁誉，判若两人，使得他进退失据，狼狈不堪。同时曹君觉先生亦致书静伯，说钱基博："曰粗读，曰一过，已与子泉自言发微抉奥者左，钱君负江南重誉二十年，兴会所致，不暇细绎而著为说，蹈近人整理国故之常失，吾辈当以为戒，轻薄之言，施诸乡里先哲，其自损宽厚……"

范伯子友好和弟子对钱基博的反击，正好与钱基博对儿子的教训相同，钱基博不但不是待人忠恕，而且还被人说成"蹈近人整理国故之常失"。所谓整理国故者，正是钱基博看不起的胡适倡导的，现在被人指为与胡适同病，钱基博之难堪真是可想而知。于是，徐一瓢说："此事辩讼，首尾数月，报章亦竞相转载，余时主大江北报笔政，乃汇而印为单行本，子泉闻之，亦颇减其锐兴，而后东墅所谓读书杂记，遂亦中止，不复见诸青鹤。"

查钱基博写于1932年12月，重印于1936年的增订《现代中国文学史》，在陈三立一章中附论范当世诗，则是这样说的："工力甚深，下语不肯犹人，峻峭与三立同。……当世意思牢愁，依稀孟郊、陈师道。"则虽然没有很高的评价，却已经没有了轻薄之语了。

可见钱氏父子其本质是一样的，有人说：过度的关注源于不足。则钱基博这样斤斤于提醒儿子，或者是自己也正免不了此病耳。

钱基博游木渎

1916 年初春，钱基博有一次探梅之旅。

这年初春，钱基博从吴江一路走来，他的探梅之路在木渎停顿小驻。

说是探梅邓尉，其实走了不少地方，最后还到虎丘走了一遭，说苏州之游，可能更确切些。笔者是吴县木渎人，对于木渎的文史掌故有一种天然的兴趣，不妨请大家也来看看钱基博笔下 1916 年春的木渎。

钱基博此游，共有五人，除他自己，还有吴江金砚君（祖泽）、沈祥芝（文炯）、任味知（传薪，退思园后人）、殷静之（传鋆）。于当年正月十二日晌午从胥门从水路出发，"薄暮抵木渎镇"。其中游木渎一段，全录如下：

系舟登岸，见有巨家玄门面南而庐，是则吴县冯林一先生之居也。博先世有旧园在澄江，曰似山居者，小筑亭榭，花木亦饶。先曾祖鉴远公之莬裘也。先生尝为记之，文载《显志堂集》中。以博先世父问业先生为弟子也。今园废而先生之文不废，思之不觉为肃然。然循岸向西行，街颇平坦，用碎石砌如吴江而整洁过之。沿河矮树丛杂，高不逾人，而粗如指。询之，静之曰：此枣秧也。惟一老榆树怒撑其间，柯虽不高，而桠枝纷拿上缠。古藤巨硕如人股，虬屈欲奋，数百年物也。隔岸平山逶迤，暮色苍霭，山容欲閟矣。遂便道游端园。园地不甚大，而构筑颇精，用五色砖砌地成花，蹊径曲折可念。循途入，亭台楼阁，靡所不有，惜其匠心太密，如人眉目不疏朗。其中尤胜者，曰环山草堂。面堂堆假山，中有一石，植立作夅夌形，颇奇，殆所谓石之透瘦者耶？下堂循阶折而左，拾级登望山亭，亭倚园墙，味知乃攀危磴，指示天平、灵岩诸山，嶂者峚者历历。自北而西，南迤环墙外，如拱如瓶，此环山草堂之所为名也。博考园故钱氏物也，

026

旧主人曰照，字端溪，胜清嘉道时人，工诗，隐居不仕，有高致，士大夫尤重之。既殁，子孙不振，园为阎姓有矣。阎富绅也，颇为当地所引重，或亦称曰阎园，然而士大夫间，仍以端园目之，不忍没旧主人草莱之功也。不亦足以证千乘万骑之隆赫，无以愈于蕨薇之高风也哉，相与太息。眺览久之，乃拾级下。出园益西行，渐近灵岩山麓，远望，睹山顶一石耸立如人招手，而祥芝则指语之曰：此卧僧石也。其意有不可晓者。北折遂上山，坦途砖砌，广盈丈，乃清圣祖高宗南巡时修砌御道也。味知戏曰："此所谓王道荡荡者非耶？吾中道当辇路，行作皇帝矣。"博随味知抠衣先登，静之体魁梧大腹蹒跚，追随吾两人后，而祥芝扶筇逍遥，砚君雅步从容，行尤缓，相隔乃益远。博与味知迤逦行。抵途转右折处，睹道左卧石累累，如龟蹲，如枕偃，靡不肖形，乃叹造物之奇，抚之洁无纤尘，则各踞一石以俟，望卧僧石，犹在东北。三人者陆续至，时已皓月东升，下视，路暝无所见，仰瞻，则月明星稀，清空一碧，惟二星光巨照人眼。在月之西北，实为夙所未见。其星一巨一略小，光接若葫芦，又似古矛头形。博与味知、静之先一日在姑苏见之，以语人，或曰：此岂所谓含誉星见，为圣王之征者耶？至是乃指示砚君、祥芝，亦不知其为何星，后函北京观象台，谓系金、木二星同经云。既天晚虑盗，所谓卧僧石者终未之顶礼焉。亟循原路折返。经林一先生居，迤东，则闹市也。赴茶楼小憩，归舟晚餐毕，遂寝。

冯林一即冯桂芬，他的府邸如今重新修复，称榜眼府第，在木渎下塘。钱基博过其门，回想起已去世的父亲为冯氏弟子，其似山居，冯氏《显志堂集》有记。原来两家还有这样的渊源，钱榕初与冯桂芬是友好，儿子是冯氏弟子，似乎未见人谈及，不想在这篇游记中有载。随后五人从下塘到木渎山塘，看远近闻名的山塘老榆树，相传三国周瑜所植，钱基博认为不过数百年物，不之许也。顺便说一句，十年后，木渎区区长惠洪在古榆树旁打造出一个木渎十景之一"山塘榆荫"，并请张一麐题写"古榆络藤"，泐石纪念。

五人再游王家桥畔端园。此端园即后来台湾"总统"严家淦故居严家花园，旧称端园，钱基博游览时，已经属于严氏，钱基博误为阎园，盖音同而误。钱氏深惜此园"匠心太密，如人眉目不疏朗"，钱氏游端园，而不称阎（严）园，盖"士大夫间，仍以端园目之，不忍没旧主人草莱之功也"，另一原因，还在此园原属诗人钱端溪所有，正是自己同姓吧。

严家花园在"文革"后是木渎的一个粮库，面目全非，后来又有一个制作毛绒玩具的玩具厂租在里边，还保留着许多圆形尖顶的粮仓。这里还有三多：鼠多，蛇多，鸟雀多。看不出过去会是一个美丽的花园。

严家花园近年来已经修复，2002 年陆文夫先生曾偕同苏州杂志社同人一游，不仅斧扆形湖石未见，望山亭也与假山不称，粗陋极矣，已非旧观之"构筑颇精"了。

灵岩山上"一石耸立如人招手"，俗称痴汉等老婆，又名醉僧石，沈祥芝误为卧僧石，难怪钱基博感觉"其意有不可晓者"了。此石"耸立"而非假卧，怎可称"卧僧"？吴江人导游木渎，不是知之为知之，不知为不知，难免瞎说一气，钱基博被糊弄了一番。

这里特别值得一提的是，游山途中，钱基博还关心天象，在苏州观星，在灵岩山又再次观星，但见"二星光巨照人眼。在月之西北，实为凤所未见。其星一巨一略小，光接若葫芦，又似古矛头形"，此夜观星，已有先入之见，盖在苏州闻人说："此岂所谓含誉星见，为圣王之征者耶？"此语大可玩味。1916年初，正是袁世凯称帝甚嚣尘上之际，钱基博对此相当关注，他故意借别人的口说什么"圣王之征"，而自己不置可否，似乎心中抱有某种疑惑和朦胧期待，因此才有了后来写信给北京观象台之举。圣王出世固系帝王思想，也是当年一部分知识分子的期待，钱基博的思想似乎有点摇摆不定，观星象，函询观象台，则颇有寻根问底探求真相的精神。

钱基博《邓尉山探梅记》刊出时，洪宪皇帝的81天皇帝梦也做到头了，于6月6日一命归天。

《小说月报》杂俎栏，1916年第7卷第6期到第8期，发表了钱基博的一篇游记《邓尉山探梅记》。这是一篇长篇游记，在月报上连载了三期。

钱基博与五十九点九分

　　五十九点九分，讲的是二十世纪三十年代，钱基博任光华大学文学院院长时给学生国文考试评出的分数。五十九点九分，离六十分就差零点一分，然而就是这微小的零点一分之差，关乎学生一门功课的及格与否，甚至直接影响到一个学生的前程：毕业还是肄业？升学还是留级？

　　这种分数给得未免促狭，让学生哭笑不得，甚至心生怨恨，不过刘衍文先生并不这么认为——

　　刘衍文先生《钱基博先生轶闻》(《寄庐杂笔》)引林艾园教授的说法：

子泉先生上课，可能由于夹杂一些无锡方言的关系，咬字读音都不准。他给学生评分，常常是 59.9 分，不及格！学生与之争辩，先生就一题一题，一点一滴为之细算，如说某题应得几分，某处错一点，要扣几分；某处又错多少，该扣几点几分，算下结果，恰好一分不少，半点不多，正是 59.9 分，这 0.1 分无论如何加不上去！弄得学生无言可答。

这段话认为钱基博给的分数顺理成章，恰如其分，甚至很科学。笔者却觉得"常常是 59.9 分"，"算下结果，恰好一分不少，半点不多"诸如此类，用语粗疏不检，戏说成分太多，极不可信。笔者也做过教师，对于批阅试卷并不外行，实际似乎很难扣成 59.9 分这样的成绩，除非故意为之。

钱基博如果"常常"给出这样的分数，难道没有故意的成分，而仍是像数学一样的科学的结果？

对于这种不尴不尬的分数，钱基博的学生另有说法。

钱基博的学生叶思昆曾在《大公报》副刊《学生界》第十六期刊文《光华的文学院长》，说到钱基博给学生评分的事：

他的分数打得很紧，同时还有点成见，假如初次圈书或初次小考的成绩不大好，以后纵使你圈点得如何的正确或考得如何的切当，他总不会给你打个很满意的分数。说也奇怪，有时他给同学五十九分点九，而六十分的及格分数总是不肯给的，他还会说："你这成绩不能及格，只值五十九分点九，只有补考的资格哩！"

这段话有两个层次，第一个是说钱基博注重第一印象，第一印象不好，后来就不容易改变这个初始印象；第二层次是说他"有时"会给同学五十九点九分的成绩，而不肯加上哪怕零点一分，让同学及格而不要补考。

这个说法比上面林艾园的说法更客观更有分寸且可信些，但包括以上这段在内的《光华的文学院长》一文，当年在《大公报》刊出时，却引起钱基博极大的不满，作者叶思昆也被钱基博叫来严厉地训斥了一番，《光华大学半月刊》刊出《光华文学院长招叶思昆训话纪录》一文，文中钱基博对自己给学生五十九点九分一事，作了自己的解释：

我老实告汝，我们教师批几个分数，或许随便；如果批不及格，无不招怨，非万不得已不肯；以人情谁愿招麻烦也！况我所授学程，有每星期作业分数，有月考分数，有大考分数，三者总合平均，乃为学期分数；无论及格不及格，一分一厘，皆有来历，岂比侥幸一日之短长！汝说我五十九分点九，不予及格分数。我则谓教师通融分数，以迎合学生惰弛心理，取其欢心，绝不计及学术之尊严。此实中国教育之大耻！现存光华乃由五十九分点九不肯通融之教员，此则光华之所以为光华！

据夫子自道，他给学生评的分数来自"每星期作业分数，有月考分数，有大考分数，三者总合平均，乃为学期分数"，这颇近于我们现在学校的科学化评分。笔者也做过几年教师，对此不无疑惑，这三项平均能恰巧得到 59.9 分的可能性是相当小的，除非三项都是这个分数，除以三，仍是这个分数。老钱似乎不怎么懂数学，不然不会"冠冕堂皇"地说这样的话（笔者按：老钱最初做教师时，做的是数学教师，参见他的自述），我总觉得这分数是故意给出的。

钱基博要的就是不通融，不迎合。他给的分数，在我看来，基本属于参考了考试成绩的印象分。

他对光华学生一向是看不惯的。

为什么这么说呢？

光华大学原是从圣约翰大学分裂出来成立的大学，学生的组成，很多是富家子弟和南洋侨生，如上面提到的叶思昆，就是一位南洋侨生。这些学生与钱基博此前任职教务长的无锡国学专修学校学生不同，首先国学根底不可及，其次生活比较富裕，穿衣大抵西装革履，用钱比较宽裕。

在《光华大学半月刊》(1937 年 5 卷 7 期)《光华文学院长招叶思昆训话纪录》对此也有反映：

> 至于我教同学礼仪，戒同学侈靡，此则师长当然之责任。我老实告汝，我从前在约翰教书，见学生几乎无人不西装革履，有一天我在课堂上，大声疾叫着说："诸位同学来进外国人办的学校，是来求取外国人学问，不是来模仿外国人吃著。现在约翰上学，每

年费用约五百金，四年毕业须得二千金，如果诸位毕业回家吃必西菜，穿必西装，一切生活俱成外国人，就是汝父母化二千金买儿子做一个非中国人；汝的聪明正直之祖宗有知，当得在地下要哭。"

我不许女儿用舶来品化妆，不许儿子穿西装，此是我做父亲的职责，何与人事！我常对儿女说："汝等不要以为衣服华丽，是荣耀，是体面。如果晓得汝父弄钱不易，以劳心劳力心血换来，自然就不敢要体面，除非汝父是一位贪官污吏或者土豪劣绅，巧取豪夺挣得许多不心痛的钱，自然也不心痛的供汝等花费求体面。所以汝等衣饰如果华侈不衷，人将不以汝父为清白的儒者，而疑汝等是一位贪污或者土劣的子女，岂非求荣反辱吗？"

……

我对于现在一班青年服食侈靡，行为不检，我实在眼中看不过，心头耐不得；以我年龄地位，即无权力禁止，尽有责任，有义务当得来劝说训诫，即如依我估计，在上海大学读书，一切费用，每年四百元尽够，然我普遍问一班同学，尽有用至千元以上者，五六百元一年乃常事。我想钱之来处不易，我真为诸位家长肉痛！要之，中国从此灭亡则已，如不亡，汝等青年非痛自洗心革面，勤生节用不能立身。

钱基博老先生就是这么倔强而认真的人，他给某些学生五十九点九分的成绩，就某种意义上说，很可能是他对当年学生的一种不满和警告的反映。

然而，又有几个学生会像他的儿子和女儿呢？

钱基博喜人立异

钱基博的《现代中国文学史》，我曾仔细读过两次。

这是一本特异的书，钱基博把近现代人物的文学特质纳入魏晋文、骈文、散文和魏晋诗、唐、宋诗等特定历史时代的文学体裁中来论述，用他自己的说法是"昭其流派"，有他卓异的眼光，即能辨识近现代人诗词文赋的传承和特点。这方面，他的哲嗣钱锺书在写《谈艺录》时也有所承继，开章就专门谈《诗分唐宋》这个问题。

我们知道，虽然一个人受前代文学的影响是多方面多角度的，但每个人都有自己的偏嗜，因此确实能从一个人的诗词文赋体察到他接受前代某作家的信息更多些，在笔下表现出古代某作家的某些特质来。然而，如果从另外的角度看问题，那么近现代文学的发展与进步，在这种安排下就难以充分地体现出来，似乎文学没有发展，只是单纯的派别延续，钱基博看不到文学艺术的前进和发展，是该书的大缺点。钱锺书对其父的这本书也不太满意，1979 年钱锺书在日本京都的一次座谈会上，回答别人的提问：如何评价他父亲的《现代中国文学史》，钱锺书回答说，父亲对自己文学上的意见，是并不常常赞同的。不过，父亲的许多优点之一是开明、宽容，从不干涉自己的发展。至于《现代中国文学史》，有许多掌故，是一本很有趣味的书；而现代方式的文学批评成分似乎少了一点。

确实，这本书掌故很多，而反映出的论人衡文的观念，在经历过西方文论与史学训练的人眼中，多少是成问题的。

不过，我想说的是，这本书中表达出强烈的知识分子的独立思考和立异精神，无疑是很多同类型的书所不具备的，这是钱基博品鉴人物与文章的切入点和该书的独特价值。

钱基博论人衡文的视点就在立异。不妨举个大家熟悉的例子，《魏晋文》一章中的《章炳麟》，钱基博先点明章：

"放言高论，而不喜与人为同。"然后以大量的篇幅讲他的立异，略引如下：

> 时人方崇汉党锢，而炳麟不然，曰……
>
> 时论咸薄宋程朱，而炳麟不然，曰……
>
> 时论方蔑道德，奖革命，而炳麟不然，曰……
>
> 时论方共和，称代议，而炳麟不然，曰……
>
> 时论方兴学校，废科举，而炳麟不然，曰……

章太炎总能找到与时人、时论不同的立场和观点，这也正是章氏的价值所在。

章太炎的立异，也就是钱基博最看重的学术品性和个性风采。章太炎的行事与立论一向不为凡庸理解，因此被目为章疯子。其白昼打灯笼和挂大勋章游于大总统之门，颇能窥见章之不同凡响的行为方式，但真正有价值的还在于他对"时人""时论"的不以为然，且言之有据的观点。

不仅章太炎，凡是收入《现代中国文学史》的人物，钱基博都为我们留下了这样一份珍贵的思想史。钱基博是有巨眼的，纳入他的视野的现代文学史中人，他们之异于凡庸俗流的，不就是他们的那种不随波逐流的，而带着自我烙印的思考吗？立异是他们作为鸡群之鹤的理由，他们存在的价值，他们自外于世人的必然。鲁迅据此笑钱基博之"独具只眼"，似乎也从反面证明钱基博喜人立异（见《准风月谈后记》）。

博古通今，鉴往知来，知识分子所异于人处就在于他们的学识见解，因为他们的禀赋为见人所未见，言人所不能言提供了可能。红尘中有冷眼，使得真正的知识分子能看到时代的悲剧和社会的隐忧，发出与众不同的声音来。

吴宓解读钱锺书《围城》和《猫》

钱锺书的长篇小说《围城》和短篇小说《猫》都首发在 1946 年的《文艺复兴》上（《猫》刊于《文艺复兴》创刊号，《围城》连载于《文艺复兴》1946 年第 2 期到 1947 年第 1 期）。这一年，在四川成都的吴宓，读到了这两个小说，并在日记中留下了读后的感受。

1946 年 5 月 30 日，《吴宓日记》：

> 晨读《文艺复兴》一卷三期钱锺书作小说《围城》。（笔者按：顺便一说，6 月 1 日日记还记载读了杨绛的四幕剧《风絮》）。

这是吴宓在日记中首次阅读钱锺书小说的记载，也许是日记失载，也许是首先看到这期《文艺复兴》，日记所载吴宓读《围城》，乃是从第三期看起，他的笔墨在这里很吝啬，没加一句评论。究其原因，大概是只读了长篇小说其中的一部分，无从下笔的缘故吧。

隔了两个多月，吴宓又一次读到了《围城》。8月3日，吴宓在日记中又一次记载了读了钱锺书的《围城》，这次吴宓把连载《围城》的《文艺复兴》攒齐了三期，一气看了个尽兴。

1946年8月3日，《吴宓日记》说：

> 夜读《文艺复兴》杂志四、五、六期（一卷）中钱锺书撰小说《围城》至夜半始寝。

这次读了半夜，吴宓终于写了点读后之感：

> ……其五期573页以下，宴席中，哲学家褚慎明，似暗指许思玄。旧诗人董斜川，则指冒广生之次子冒景□，锺书欧游同归，且曾唱和甚密者也。其余线索

未悉。宓读之且多感，作者博学而长讽刺耳。

吴宓一看就明白《围城》中的褚慎明和董斜川的原型乃是许思玄和冒景璠（冒景璠，字孝鲁，号叔子，《吴宓日记》中缺"璠"，想必一时想不起来了）。据《吴宓日记》，吴宓与许思玄有一定的交往，曾为许介绍过教职，与冒鹤亭之子冒景璠则未见来往。不过，吴宓身处文人学士之间，交往极广，又喜欢打听各人的身世和婚姻隐私（吴宓总是借口要为自己那总也开不了头更写不完的小说《新旧姻缘》准备资料），在西南联大与钱锺书来往也多，应该听钱锺书谈过其欧游经过，宜其对冒景璠也颇熟习，能一眼看出。不过他所知毕竟有限，所以只能说"线索未悉"，索隐到此为止。

吴宓读《围城》读得兴起，于是第二天他回过头找《文艺复兴》的创刊号来看，又补读了钱锺书刊于该期的短篇小说《猫》。

8 月 5 日《吴宓日记》："读《文艺复兴》一期钱锺书撰小说《猫》，其中袁友春似暗指林语堂，曹世昌指沈从文。余未悉。"

其 8 月 7 日日记又有"下午卧读《文艺复兴》杂志。"

这次吴宓改读《猫》，又一眼看出两个人物原型：林语堂和沈从文。读《猫》看出林语堂比较容易，与林语堂没有交往，甚至我们后生小子，也基本可以看出，如小说中说：

他自小给外国传教士带了出洋。跟着这些迂腐的洋人，传染上洋气里最土气的教会和青年会气。承他情瞧得起祖国文化，回国以后，就向那方面花工夫。他认为中国旧文明的代表，就是小玩意、小聪明、帮闲凑趣的清客，所以他的宗旨仿佛义和拳的"扶清灭洋"，高搁起洋教的大道理，而提倡陈眉公、王百谷等的清客作风。读他的东西，总有一种吃代用品的感觉，好比涂面包的植物油，冲汤的味精。更像在外国所开中国饭馆里的"杂碎"，只有没吃过地道中国菜的人，会上当认为是中华风味。他哄了本国的外行人，也哄了外国人——那不过是外行人穿上西装。他最近发表了许多讲中国民族心理的文章，把人类公共的本能都认为中国人的特质。他的烟斗是有名的，文章里时常提起它，说自己的灵感全靠抽烟，好比李太白的诗篇都从酒里来。

林语堂脚踏中西文化，对洋人讲中国文明，对中国人谈西洋文明，提倡晚明小品，提倡吸烟有助于灵感等等，读过林著的人大概也会和吴宓一样锁定袁友春的原型就是林语堂。

不过我这里还想提醒一句，所谓袁友春，也是由晚明人物中化出，乃是公安三袁和竟陵谭友夏（字元春）两者合起来的。

钱锺书《猫》中的曹世昌，与沈从文相似之处则在说话的声音和对他作品的描述上。小说中说："举动斯文的曹世昌，讲话细声细气，柔软悦耳，隔壁听来，颇足使人误会心醉。但是当了面听一个男人那样软绵绵地讲话，好多人不耐烦，恨不得把他像无线电收音机似的拨一下，放大他的声音。"

又说："这位温文的书生爱在作品里给读者以野蛮的印象，仿佛自己兼有原人的真率和超人的凶猛。他过去的生活笼罩着神秘气氛。假使他说的是老实话，那么他什么事都干过。他在本乡落草做过土匪，后来又吃粮当兵，到上海做流氓小兄弟，也曾登台唱戏，在大饭店里充侍者，还有其他富于浪漫性的流浪经验，讲来都能使只在家庭和学校里生活的青年摇头伸大拇指说：'真想不到！''真没的说！'"

还有："他现在名满文坛，可是还忘不掉小时候没好好进过学校，老觉得那些'正途出身'的人瞧不起自己，随时随地提防人家损伤自己的尊严。蜜里调油的声音掩盖着剑拔弩张的态度。"

钱锺书和沈从文在西南联大同事过，有多次同桌赴宴，对沈从文的了解自然不浅。而吴宓也与沈从文在西南联大有很多交集，所以吴宓能一眼就判定曹世昌就是沈从文也。

敌之一，首先因为沈从文和胡适的关系，其次，沈从文写过提倡白话而非议文言的文章，吴宓甚至假想沈从文会成为他的敌人。《吴宓日记》1946 年 11 月 10 日谈到他在武汉大学而渴想返回清华大学时，吴宓写下了这样的话："按以世中实事论之，宓之求归清华，诚大错误，徒为 F.T.（笔者按：陈福田）之党所冷笑，谓宓在外受挫折而归耳。即胡适、傅斯年、沈从文辈之精神压迫，与文字讥诋，亦将使宓不堪受。"

在吴宓认为，假如与胡、傅、沈等提倡新文学的人在距离上接近（笔者按：他们在北大），宓在清华，自己也会不堪忍受。胡适、傅斯年、沈从文辈，即使不和吴宓敌对，但在吴宓的心理上仍然会感受到精神的压迫，由此可见，吴宓至少自认为对沈从文有必要的了解，难怪也能从钱锺书的小说中一眼看出曹世昌的原型是沈从文了。

《吴宓日记》此后还有阅读钱锺书的《人兽鬼》和《围城》的记载：1947 年 10 月 19 日日记"宓细读钱锺书作《围城》小说，殊佩"；10 月 20 日有"复读《围城》"；10 月 21 日有"仔细读《围城》"；但再没有作任何评述。

钱锺书留学英国时，也是吴宓的假想敌之一，吴宓曾对之愤恨不已。不过，到了西南联大之后，吴宓却与钱锺书关系密切起来。

《吴宓日记》载：

1939 年 9 月 21 日

接公超片约，即至其宅。悉因钱锺书辞职别就，并谈商系中他事。

9 月 28 日

早餐如恒。上午读宁所记之钱锺书 Contemporary Novel（当代文学）讲义。……下午，在舍续读钱君 Contemporary Novel 讲义。

9 月 29 日

早餐如恒。上午读宁所记钱锺书 Contemporary Novel 讲义，完。甚佩。

9 月 30 日

早餐如恒。8—10 读宁所记钱锺书之 Renaissance Literature（文艺复兴时期的文学）讲义，亦佳。

10 月 4 日

晚饭后，……即归。读宁所记钱锺书 Renaissance Literature 讲义完，并甚佩服。而惜钱君今年之改就师范学院教职也。

1940 年 3 月 8 日

……而闻超与 F.T. 进言于梅，对钱锺书等不满，殊无公平爱才之意，不觉慨然。

3月11日

F.T. 拟聘张骏祥，而殊不喜钱锺书，皆妾妇之道也，为之感伤。

3月12日

5-6归途遇寅恪，行翠湖。再访彤，不遇。寅恪教宓"不可强合，合反不如离"，谓钱锺书也，而宓则有感于彦。

上引中宁指李赋宁，F.T. 指陈福田，公超，叶公超也。

如上所见，钱锺书离开西南联大，转赴蓝田国立师范，吴宓多次在日记中愤恨陈福田等人对钱锺书的排斥，一力想使钱锺书回归西南联大，这是吴宓爱才心切的表现。吴宓是好一厢情愿的，幸亏陈寅恪能救正他这一性格缺陷。据《吴宓日记》："寅恪教宓'不可强合，合反不如离'。谓钱锺书也。"

吴宓与钱锺书在上海的一次会面

1947 年 10 月初，在武汉大学任教的吴宓受中正书局总编辑吴俊升之邀，前往南京洽谈《袖珍牛津英汉双解字典》总校阅事。该字典由陆殿扬任主编译人，为慎重将事，出版部门特请吴宓再邀请一些专家学者最后把把关。

在武汉动身之前，吴宓曾给钱锺书、全增嘏写过邀请他们校阅的信函。10 月 12 日，吴宓从南京到上海，与在上海的分校人商洽具体事务。次日，吴宓在中正书局上海编审部，钱锺书、杨绛夫妇前来拜访。据《吴宓日记》载：

> 宓至书局（电话 02：61908），煦良（笔者按：周煦良）与吴绳海（编审部主任）均已到，煦议裁

减复旦校阅人。已而 11：00 钱锺书、杨绛（原名季康）夫妇（住上海 25 复兴中路五七三号，原名辣斐德路六〇九号，电话 77599）来谒。赠宓、熙中央图书馆聘锺书所编撰之《书林季刊》二、三、四期各一份。又赠宓锺书新著小说《围城》及绛著五幕剧《弄真成假》各一册。锺书力言索天章、许国璋二君之不可用。锺书愿供给材料与宓，而坚不肯担任编辑新增字之部。又自愿代宓密校复旦诸君之校稿，稍减宓总校之劳云云。

这天，钱锺书夫妇还宴请了吴宓和周煦良："正午，锺书、绛夫妇宴宓、煦良于北四川路凯福 Kiev Russian Restaurant 平津菜馆，甚佳美，费十五六万元。"

钱锺书的态度颇可寻味：既坚决不肯担任编辑新增字之部，又愿意为此提供材料。既自愿不担名义暗中密为吴宓校复旦诸君的校稿，又力言索天章、许国璋这两个人不可用。如果要我解读的话，那么等于说复旦诸君的水平，在钱锺书看来，都是靠不住的，必须他钱锺书把把关才行，而索天章和许国璋两人的水平更靠不住，连担任校阅都不够格。这时期的钱锺书，还是那么眼高于顶，对复旦诸人一副不屑的态度，还因此得罪了索天章和许国璋两位英语界的后起之秀。不知钱锺书四十年后看到《许国璋英语》风行一时，他会怎么想？

钱锺书的这个看法正好暗合周煦良想裁减复旦校阅人的初衷。于是这天下午，吴宓准备听从周煦良和钱锺书的建议，"宓用煦言，函全增嘏，复旦留校订人五，而减去索、许二君"。不过，这一函甫发出，吴宓随即又改计，原因或在翌日（13日）晚上索天章、许国璋等四人在清华同学会宴请了吴宓和王文显夫妇、陈铨、全增嘏。这次宴请也颇奇怪，钱锺书明显是清华校友，不与焉。我的解读是吴宓12日致全增嘏一信，促使了第二天的宴请。索天章、许国璋等自然希望加入字典的校阅，全增嘏也不希望单单裁减索、许。于是这次在清华同学会的宴请，清华出身的钱锺书、杨绛夫妇自然不能在场，既希望裁减人员，和吴宓联袂从武汉来沪的周煦良也不能与宴。这就有奥妙了，因为一旦别的宴请，煦良不能不一起请到，唯一可以排除的，就是以清华同学会的名义，周煦良不是清华出身。

这次宴请应该是有预谋的，目的就是让吴宓不要改变全增嘏提出的复旦七人名单，维持原议不变，他们达到了目的。

10 月 14 日日记，吴宓写道："宓另函全增嘏，仍聘复旦分校七人，如原议，不剔除索、许二君。"

阅《吴宓日记》，担任正中书局《袖珍牛津英汉双解字典》总校阅事，吴宓其实只是担个名义，具体校阅事，在武汉大学，全部交给了周煦良和戴镏龄分任，到第二年 4 月规定交件时，吴宓人在西安讲学。西安讲学结束，则又马不停蹄赶往广州中山大学讲学，日记中再无一语提及对字典校阅事，且这一阶段日记毁损遗失很多，究竟如何已经不得而知。

不过，在 1947 年 12 月 5 日的日记中，吴宓提到了钱锺书事："又函钱锺书（上海 25 复兴中路五七三号）附寄《文副》一页，求托总校复旦诸君《字典》校译稿。"看来吴宓在当日还有这个想法，只是究竟实行否，目前所见日记再无线索。

这个《字典》的计划最终没有完成，因为随后翻天覆地的大变化就来临了。

钱锺书究竟为这本《字典》做了什么，笔者就不清楚了。

钱锺书著文学史考

　　大家都知道钱基博的文学史著作——《现代中国文学史》（一作《现代中国文学史长编》，最早在无锡国学专修馆铅字排印了二百册），几乎没有人知道钱锺书也写过"文学史"。

　　近来耽读创刊于 1932 年 10 月的《光华大学半月刊》，此刊有钱家三人露面，其中钱基博最活跃，发表了很多文章，此外则是钱锺书和钱锺汉两人，均有文章在该刊刊出。

　　1933 年上半年，是钱锺书在清华大学就读的最后一个学期，就在这个时期，钱锺书写了一封信给正在光华大学任教的父亲钱基博，此信刊布在 1933 年 4 月 10 日出版《光华大学半月刊》第一卷第七期，题目是《上家大人论骈文流变书》。

正是在这通书信中,钱锺书提到自己的文学史写作。该信一开始说:"赐《韩文读语》《骈文通义》并石遗丈为儿诗,一一收到。《骈文通义》词该(赅)义宏;而论骈文流变,矜慎不苟,尤为精当,儿撰文学史中,有论骈、散数处,亦皆自信为前人未发;略贡所见以拾大人之阙处。"

从这段文字可知,钱锺书此言乃是缘钱基博的《骈文通义》一书而发,他是要为乃父的著作弥补缺漏的,所谓"自信为前人未发",言下之意,钱基博亦"前人"之一,而《骈文通义》亦未发其覆也。钱锺书总是这么咄咄逼人,实在可爱可敬。

钱锺书随后说他对骈、散的观点道:"儿谓汉代无韵之文,不过为骈体之逐渐形成而已!其以单行为文,卓然领袖后世者,惟司马迁;而于汉文本干,要为枝出;须下待唐世,方有承其衣钵者。自辞赋之排事比实,至骈体之偶青妃白,此中步骤,固有可寻。错落者渐变而为整齐。诘曲者渐变而为和谐。句则散长为短。意则化单成复。指事类情,必偶其徒。突兀拳曲,夷为平厂(敞)。是以句逗益短，而词气益繁。扬雄马相如班固张衡一贯相嬗，盖汉赋之要，在乎叠字 Word。骈体之要，在乎叠词 Phrase。字则单文已足，徒见堆垛之迹。辞须数字相承，遂睹对偶之意。骈体尠叠字。而汉赋本有叠词，只须去其韵脚，改作自易。暨乎蔡邕，体遂大定。然汉魏文章，渐趋俪偶，皆时有单行参乎其间。蔡邕体最纯粹，而庸闒无光气，平板不流动；又多引成语，鲜使典实。及陆机为之，搜对索耦，竟体完善，使典引经，莫不工妙，驰骋往来，色鲜词畅，调谐音协，固亦如《宋书》《谢灵运传》所云'闇与理合，非由思至'；而俪之体，于机而大成矣！试取历来连珠之作，与机所撰五十首相较；便知骈文定于蔡邕，弘于陆机也。大人必能赏会斯言。"

这一段乃是钱锺书论骈文与散文的精粹，也是他最得意的地方。因为说完这段话，钱锺书自己也忍不住要得意洋洋了："彼作《四六丛话》者乌足以知之！即此一端便徵儿书之精湛矣。"通常认为乾隆时期孙梅所著《四六丛话》是一部较为系统的集大成式的骈文理论批评著作，在钱锺书眼中，真是不值一谈也。这里的"儿书"很显然，就是上面提到的文学史，以此还可以判定，钱锺书所作的

"文学史"与乃父钱基博的"现代中国"断代的文学史不同，还是自古及今一贯的"中国文学史"。钱锺书忍不住要自称自赞，固然有值得称许的地方，也有得意的味道，因为前人未见此点，乃自己独到的领悟。这是一个学者对自己的研究成果的肯定，也有着在父亲面前"撒娇"的意味：儿子值得您骄傲吧。

钱锺书在该信中进一步提到自己正在进行中的文学史的内容："前日又为《世界思潮》写一论史学文章；中间胜义，钩深探赜，亦实为儿书发凡起例也。"可见，该文也是由文学史中内容敷演而成的。《世界思潮》上的钱锺书文，至今未见，很可能并未刊出，而同年10月发表于《国风》第三卷第八期的《中国文学小史序论》，很可能就是钱锺书这里所说的"史学文章"，所谓发凡起例，正是序论的另一种说法，起提纲挈领的作用。

关于文学史写成的时间，钱锺书自己说"儿诗拟于文学史脱稿后，编次付印一百小册……"钱锺书所谓付印一百册的诗集，乃是1934年自费印刷的《中书君诗》，如果他的话可信的话，则钱锺书的《文学史》应该在此前（1934年）脱稿成书。不过，写此信时，《文学史》并未完成可知。

我们现在并不知道钱锺书还写作过《文学史》一书，只知道钱锺书有过一篇《中国文学小史序论》的文章，只是一个序论，离《文学史》的写成甚远。从一般而论，才大学毕业的钱锺书似乎也无力从事文学通史的写作，毕竟力有未逮。钱锺书后来也未提及有此著作，大概是半途而废了吧。

年轻人志向高远，或者说好高骛远，表现在文章上，是夸诞，事未成，就"广播"在前，钱锺书也不能免。

胡适说：自古成功在尝试。其实，自古失败也在尝试，这个胡适没有说到。

钱锺书的《冷屋随笔》

  《今日评论》是西南联大出版的一个综合性周刊，创刊于 1939 年元旦。作为综合性的周刊，政治、经济、文化、历史、地理等都有，同时因为是周刊，所以篇幅不大，每一科目不会在一期中全部出现，出现的最多也不过一篇两篇，给人什锦拼盘似的，这也是杂志的特性。其中文艺出现的时候可以算很多，不过总是在周刊目录上表演"压轴"，也有压卷之说，其实换句话也可称为垫底，毕竟抗战时期，文艺远比不得时政更能吸引读者的眼球。即使钱锺书的文字，也几乎都排在最后。当时的钱锺书，留学回来还没几年，又没有赢得什么外国博士头衔，能聘为教授，已经不错了，至于文章好坏，是见仁见智的事，难说。

以《冷屋随笔》为总名刊在《今日评论》中的文章，一共就四篇，后来都收入《写在人生边上》这个集子，不过，收入集子中四篇文章的次序与发表的次序不同。这四篇文章，在初刊时并没有现在的题目，而是以冷屋随笔之一、之二、之三、之四的顺序发表的。之一，即今之《论文人》，之二既今之《释文盲》，之三即今之《一个偏见》，之四即今之《说笑》。分别刊于1939年1月15日的1卷3期，2月5日的1卷6期，4月2日的1卷14期，5月28日的1卷22期。

《冷屋随笔》作为一组文章的总名，它还有一个说明其命意的小引，兹录如下：赁屋甚寒，故曰冷。下笔不拘，故曰随。皆纪实也，是为引。这是后来收集时没有的。这四篇文章都作于1939年春，正是春寒时节，加之钱夫人杨绛远在上海，屋冷人也冷，其命意诚如钱锺书所说，皆纪实也。

仔细读这些文章，我有一个惊奇的发现，初刊和现在通行本的文字，居然有很大的区别，就拿《论文人》一文来说，初刊比通行文字要多出三百多字，已经不是稍作改动或技术性修订可以概括了。且抄一段大家不知道的文字来看看吧。

《论文人》的第三节有这样一段：

> 陈石遗先生诗说："工于语言者，于法老不贵；颐指气使人，安能为词费？"所以汉高祖能够实做其皇帝，而柏拉图空抱了一部建国方略（Republie），一部建国大纲（Laws），只能梦想着"哲人为王"，来过他的政治瘾，照此看来，不但文人是贱骨头，不配飞黄腾达；就是那些反对文学的名流，也似乎文章做得太长，议论发得太多，不像个话少官高的气概。

如以上这段，通行本全然不见，这样的例子即《论文人》中还有数处，此不赘引。上文既是"建国方略"，又是"建国大纲"，虽放在柏拉图的名下，还加了一点掩饰（标注了外文），却明白暗指了孙中山，可见作者讥讽的胆大了。想必后来收集初版就会拿掉，即八十年代重出，这段也存身不住的。钱锺书随手拈来，皆成妙谛，但政治风云的变幻，不免使钱锺书后来变得谨慎起来，锋芒也就少了许多。《论文人》以《冷屋随笔之一》在《今日评论》

一刊出，就被上海汪系的刊物《时代文选》全文转载，可见当时就有赏音了。

　　钱锺书是讨厌别人挖他的"坟墓"的，我一不小心在今晚做了盗墓贼，赶快金盆洗手，关于其他三篇《冷屋随笔》，恕我在这里从略吧。

钱锺书以诗代柬

吴学昭《听杨绛谈往事》第164—165引了钱锺书先生写给吴宓一封信。这封信的形式却是一首古体诗。全引如下：

生锺书再拜，上白雨僧师：体中昨何如？勿药当有喜。尚望勤摄卫，病去如抽丝。珏良出片纸，召我以小诗。想见有逸兴，文字自娱戏。五日日未午，高斋一叩扉。舍迩人偏远，怅怅独来归。书单开列事，请得陈其词。清缮所开目，价格略可稽。应开二百镑，有羡而无亏。尚馀四十许，待师补缺遗。腰书上叶先，重言申明之。珏良所目睹，皎皎不可欺。朝来与叶晤，

064

复将此点提。则云已自补，无复有馀资。由渠生性急，致我食言肥。此中多曲折，特以报师知。匆匆勿尽意。

Ever Yours，四月十五日下午第五时。

关于这封信的来历，吴学昭说："我是许多年后从父亲遗留的'友人诗存'的封袋中发现钱先生书写的一张小纸片才知此事的。题目是'上雨僧师以诗代简'。"看来这封信最早还是吴学昭发现问世的。

诗是五言古体，不知为什么吴学昭要这么断句？照我看来，后面的英语和日期，也应该是诗的一部分，则最后应该是这样四句：

匆匆勿尽意，Ever Yours。四月十五日，下午第五时。

这才是完整的一首诗。

这封信究竟讲了些什么，都在诗中写着，吴学昭的解读有两点，先是用杨绛的角度这样解释说："1939年春，锺书在系里碰上一件小事使他觉得委屈，感到意外。品行

065

纯粹，处世简单的锺书，怎么也想不到被他视为'恩师'的叶先生，竟也会对人失信。"

其次是吴学昭自己解读该诗说：

> 看来是系里收购钱先生从国外带回的西书，没有依价偿付书款，我不知道此事最后是怎么了结的。战时在联大，常有教师有偿转让个人藏书给学校，一般都按双方议定的价格付给书款。叶公超1940年6月离校后，他的藏书就是托吴宓代为议价售给学校的。

吴宓以日记写作著称，查《吴宓日记》，这几天的日记恰好被抄没有发回，即失踪了，不然，这件事的前因后果容易明白，现在则只有仔细读读这首诗，是否如吴学昭所说的那样呢？

这首诗先是问候吴宓的病，然后说得到周珏良带来写着吴宓一首诗的片纸，可以想见吴宓也很有逸兴，同样是用诗来召钱锺书见面。五日那天，钱锺书赴吴宓寓所找他，结果未值，所以自己也写了一首诗代替信回复老师吴宓。

然后就提到书的事，关于开列书单这件事，在这里向您"汇报"一下。钱锺书抄清了这个书单，算了一下，按照预算应该是二百镑，那么钱只有多而没有不够。他自己用了一百五十左右，尚有四十多镑的钱，可以请吴宓补充要购的书目。因为叶公超是系主任，所以钱锺书把书目交给了叶公超，在周珏良也在场的情况下，钱锺书反复和叶公超讲明尚存的余额，吴宓要提出书目。第二天，钱锺书碰到叶公超，又重新讲了这点。结果，叶公超回答说：书目已经由他补全了，没有余额了。换句话说，本来讲好留给吴宓购书的份额，被叶公超擅自用去了。这样一来。钱锺书早先对吴宓的承诺落了空，在外人看来变成食言而肥了。其实，很可能还使吴宓产生误会，认为钱锺书是在讨好叶公超，自己做了好人。

该诗的意思就是这样，所以这是钱锺书、吴宓和叶公超准备向外国书店买书，而不是把自己的书卖给西南联大，所以杨绛的看法不错，确实是叶公超对自己失信，而吴学昭完全没看懂该诗，甚至读拧了意思。

奇怪的是，汪荣祖也因袭吴学昭的说法，其《槐聚心史》第58页说："清华外文系收购钱锺书从英国带回的西文书，却没有依约偿付书款，他虽向系主任叶师禀明，仍无结果。《上雨僧师以诗代简》其中传达委屈颇多。"莫非也读不懂诗?

1938 年 11 月,西南联大开学,钱锺书教的是大一英文和大二英文,此后还为高年级学生开《文艺复兴时期欧洲文学》和《二十世纪欧洲小说》。这两门课没有现成教材,而联大图书资料也零落不全,欠缺很多,因此需要补购书籍,这首诗正是为了购书事而生的。钱锺书处在两位老师之间,受尽了所谓的"夹当气"。

《围城》中的范懿与《人性的枷锁》里的威尔金森

　　早些时读钱锺书的《围城》，对那个矫揉造作、自高身价的女生指导员范懿颇感兴趣，颇表同情，总觉得这个人至少是个痴迷文学的女青年，不然也不会在这么一个边鄙内地，抗战烽火连天的时候，身边还带着那么多现代文学的书籍，其爱好文学殆无疑问。

　　作为范懿，一个乱世中的单身女子，年纪老大，姿色不佳，在大学里又完全没有学术地位，只做着一个微不足道的女生指导员（相当于如今大学辅导员，连普通教员的资格也没有），在自己心仪的年轻教授留洋博士赵辛楣面前做作些，撒撒娇，完全可以理解，只不过俏眉眼演给了瞎子看，得不到赵辛楣的丝毫回应。我倒不像作者钱锺书那么眼界半天高，对这样的女子一点同情心也没有。在《围城》中，大知识分子的作者对下层小知识分子表现出的冷漠与骄傲，想想就有些可怕。

范懿要吸引赵辛楣爱她——

她听说女人恋爱经验愈多，对男人的魔力愈大；又听说男人只肯娶一颗心还是童贞纯洁的女人。

假如赵辛楣求爱，自己二者之间，何去何从呢？请客前一天，她福至心灵，想出一个两面兼顾的态度，表示有好多人发狂地爱过自己，但是自己并未爱过谁，所以这一次还是初恋。

——《围城》第七章

范懿借书给赵辛楣看——

……更说辛楣要看剧本，她那儿有。辛楣忙谢她。她忽然笑说："我的剧本不能借给你，你要看，我另外想方法弄来给你看。"辛楣问不能借的理由。范小姐说她的剧本有好几种是作者送的，辛楣担保不会损坏或遗失这种名贵东西。范小姐娇痴地说:"那倒不是。他们那些剧作家无聊得很,在送给我的书上胡写了些东西,不能给你看——当然,给你看也没有关系。"这么一来,辛楣有责任说非看不可了。

......

工友为万无一失起见,把辛楣桌上六七本中西文书全搬下来了,居然没漏掉那两本话剧。翻开一本,扉页上写:"给懿——作者",下面盖着图章。鸿渐道:"好亲热的称呼!"随手翻开第二本的扉页,大叫道:"辛楣,你看见这个没有?"辛楣道:"她不许我当时看,我现在也不要看。"说时,伸手拿过书,只见两行英文:To my precious darling, From the author.(原注:给我亲爱的宝贝,本书作者赠。)辛楣"咦"了一声,合上封面,看作者的名字,问鸿渐道:"你知道这个人么?"鸿渐道:"我没听说过,可能还是一位名作家呢。你是不是要找他决斗?"

书中描写说:有的书上有作者的题词,书上还盖着作者名章,说明这是货真价实的作者签名本;有的书有用英语题了语意暧昧的文句，书中没说盖有作者名章，说明这来自范懿造假。这些来自范懿的小聪明，均被赵辛楣识破，讥嘲了一通，把书悉数退回了。在《围城》中，范懿也就此被作者撇开不提了。

《围城》中的这个情节与范懿这个人物，不禁使我想起了英国作家毛姆的小说《人性的枷锁》。在这部长篇小说里，有一个贫穷的牧师女儿，靠家庭教师谋生的老处女威尔金森小姐，在她与主人公菲利普的交往中，作者安排了这样的情节（根据张柏然、张增建、倪俊译本，江苏人民出版社 1983 年版）：

　　她在一个时髦的肖像画师家里当家庭教师，女主人是个有钱的犹太人。在那儿，她有幸遇到许多知名人士，她一口气说了一大串名流的名字，听得菲利普晕头转向。法兰西喜剧院的几位演员是她主人家的常客。吃饭时，科克兰就坐在她身边，他对她说，他还从未遇到过哪个外国人能说这么一口纯粹、流利的法国话。阿尔方斯·都德也来过，曾给她一本《萨福诗选》。他原答应把她的芳名写在书上，可她后来忘记提醒他了。不管怎么说，她现在仍把这本书当宝贝似地保存在手边，她愿意借给菲利普一阅。还有那位莫泊桑。威尔金森小姐提到他时格格一笑，意味深长地瞅着菲利普……

"他向你求爱了吗？"他（菲利普）问道。

……

"瞧你问的！"她叫了起来。"可怜的居伊（莫泊桑的爱称）他不论遇到什么样的女人都会向她求爱的。他这个脾气怎么也改变不了。"

她轻轻地叹了口气，似乎是满怀柔情地回忆着往事。

"他（莫泊桑）可是个迷人的男子啊。"她低声嘟哝。

这就是英国原版的"范懿"。

长篇小说《人性的枷锁》是毛姆的代表作，发表于1915年，钱锺书在二十世纪三十年代留学英国的时候，正是毛姆小说生涯如日中天的时候，也是他声名卓著的时期，想必留学时期的钱锺书不会不加以关注的。

《围城》中的范懿和《人性的枷锁》中的威尔金森，两者有很多相似之处，譬如大龄单身，家境贫寒，爱好文学，一个是女生指导员，一个是家庭教师，两人谈论名人的口气，两人谈论名人与自己的关系，都仿佛得自共同的传授，这些是情节上的巧合还是钱锺书有意无意地借鉴，我这里就不多说了。

屏溪谈钱锺书

知道屏溪，尚早在爱默（李洪岩）的《钱锺书传稿》中。第六十二章《对〈围城〉的攻击》中提到《围城》发表后，"也有一些人认为《围城》存在着某些不足，这不能算是攻击。如屏溪在发表于《大公报》1947 年 8 月 19 日的《〈围城〉读后》一文中认为：'一想到这是小说，我们阅读时所树植在内心的微笑便一齐殒了价，不能不令人生出深深的恍惜和遗憾。固然作者也给我们窥觇到了片面的现实，但这些已褪了彩的霞霭实不必留恋，作者用在这方面的讽语未免慷慨得有些浪费了。'"当年读到这段话，感觉有些匪夷所思，这位屏溪的话说得未免缠夹不清，为什么是小说就把微笑"殒了价"？难道必须是现实中的风趣或讽喻，阅读时才会产生不打折扣的快感？这样的逻辑简直莫名其妙。

然而也因为这个，就记住了这个名字。

在网上还能查到屏溪评论《围城》的另一段话："每一对话，每一况喻，都如珠玑似地射着晶莹的光芒，使读者不敢逼视而又不得睇上去。不相干的引典，砌在棱刺毕备的石缝里，则又不觉得勉强。作者的想象力是丰富的，丰富得不暇采撷，于是在庸凡的尘寰剪影里挤满了拊掇不尽的花果，随意地熟叩在每一行，每一章。"这段话不知是否同样出自同一篇文字，引者每辗转引用，而不标注出处，使人不知所以。同是评论《围城》，屏溪这段话则全是褒扬，不惜用了一切能想到的好比喻，似乎想步《围城》的后尘，或者是刚受《围城》的熏陶，写出来也就颇有些不同凡响的样子。

重新看到屏溪，却是在苏州的报纸上。1946 年 9 月 6 日的《力行日报》有屏溪的一篇《记钱锺书》，看来这位屏溪对钱锺书的兴趣颇浓，这个时间尚是《围城》在《文艺复兴》连载期间（按《围城》在《文艺复兴》连载要到 1947 年元旦出版的 2 卷 6 期才完毕），屏溪就已经开始"评论"起了《围城》，这真算得见诸正式文字之相当早的了。

《记钱锺书》一开始这样说："去年春天，在上海读书，偶或到合众图书馆去游玩，常遇到一个风趣极颠的学者态型的中年人，大约三十余岁，在书林里埋首工作，不时跟周随（遭？）的读书者说笑话，那就是梁溪名国学家钱基博老先生的郎公忠恕先生，得过英国的博士学位，是一中西兼长的通人。"从文章看，钱锺书未必认识屏溪，而屏溪则知道钱锺书的一点底细。以年龄看，钱锺书留学归来，任教暨南大学，而这位屏溪才在上海读书（想来应该是大学），那么，当小钱锺书十岁还多，甚至有可能尚在人世。屏溪的用词有些与众不同，譬如"风趣极颠""郎公"之类，郎公似乎是四川人对他人长子的称呼。另外他把钱锺书叫作"忠恕"，"锺书""忠恕"在北方音中只是音调不同，而在吴语中则完全无法辨别，不知有没有识者能辨明他的籍贯？关于忠恕，现在谈起钱锺书，没有人谈起过他有忠恕这个名号，不知屏溪是记音而书，还是另有所据？如果有所据，倒是有关钱锺书名字的一个无人知晓的掌故呢，说钱锺书是英国的博士，我们现在都知道是无稽的，但也可以看出当时人们的观感：钱锺书是博士。

屏溪在合众图书馆"游玩"，得以看见钱锺书，这是确实的事，据顾廷龙的日记，合众图书馆的设立还有钱氏的参与，钱锺书还捐过书给该图书馆，并且一度与顾廷龙和合众图书馆关系相当密切，经常出现在顾的年谱中。合众图书馆是私立性质的，并不对外开放，只供一些知识分子使用，进入该馆，必须要有相关人员的介绍才行，屏溪作为一个在读学生，居然可以在合众图书馆"游玩"，我猜测他的身份当是某关系人的亲戚，譬如顾廷龙或潘景郑，甚至可能是叶景葵、张元济、陈叔通他们的关系，无法确定。

在《记钱锺书》一文中还有这样的话："胜利后看到《文艺复兴》上的《围城》，那种满含着学力与天才的幽默笔触，我就想起，一定是那位忠恕先生了，大概'锺书'才是他的本名。"我不明白屏溪为什么坚持要称呼他为"忠恕"，即使怀疑"锺书"才是本名，他还是坚持要"忠恕"下去，除非说有人肯定地告诉过他，钱锺书有过忠恕这个名字。

屏溪在文中肯定地说，钱氏写作多用中西典故和泰西用语，并非有意来显露他的本领以"恐吓"读者，因为他观察到，"他在合众图书馆三年，对管理员讲话，向来不嵌洋话，他人自然不知道他是精通英法德的语言家……"这句话很可以拿来分析一下：钱锺书对管理员讲话不嵌洋话，其实是不能说明什么的，因为钱锺书是要管理员为他做事，嵌了洋话，岂不是自找麻烦？一般的管理员不用说听不懂，而且更无法帮他找书了，聪明人都不会这样的，况且合众的藏书多的是线装古籍，嵌洋话更是毫无意义的。不过他说的下一句，有些信息，他把自己与管理员等分开了，管理员们不知道钱锺书的博学，他却知道，说明他在合众图书馆就不是一般的管理员之类了。

屏溪在文章最后还不忘透露一点"内幕"，以示他对钱锺书了解的深度："要知道他的性格，可将《围城》中的方鸿渐作为影子；此外，他夫人名喜剧家杨绛的作品中，也大都是他提供的穿插，可见其一斑。"我们且不说方鸿渐是否是钱锺书的影子，这种说法已经由来已久，也不高明，倒是他说杨绛的作品中的"穿插"都是钱锺书"提供"的，真是前所未见的说法，什么是穿插？怎么个提供法？说得语焉不详，但有一点可以肯定，屏溪认为杨绛的戏剧中有钱锺书的文字，这个说法不知杨绛读了会作什么辩解，杨绛还是有些好辩的。顺便说一句，杨绛有三个剧本问世，目前看她的文集，似乎都故意不把《风絮》一剧收入，也不加说明，让人猜疑这个《风絮》有点什么隐情。

钱氏父子治学的异趣

我作的不过是随笔，并非论文，而这个题目是可以纵深来谈，作为论文来写的。这里，我只想就钱基博为自己的《古籍举要》写的序文，这么一个小小的角度，来看钱基博、钱锺书父子在治学上的异趣。

我所见的钱基博《古籍举要》，乃是世界书局1933年版的广西师范大学出版社2009年重印本，而钱基博序，作于1930年8月。

钱基博在序中说到，《古籍举要》乃是长夏中"课从子钟汉读番禺陈澧兰甫《东塾读书记》"的札记。他把陈澧的《东塾读书记》申说一番，随后又谈到朱一新的《无邪堂答问》，认为朱一新的《无邪堂答问》可配陈澧的《东墅读书记》。"倘学者先读陈《记》以端其向,继之《答问》以博其趣,庶几学问有从入之途,不为拘虚门户之见。"换句话说,就是学问之道可以从这两本书入手,这样才可以不囿于汉学、宋学的门户之见,获取真知。钱基博在序的最后,记载了自己和儿子钱锺书的一段答问,姑把两人的答问,分列抄录如下,以醒耳目:

儿子锺书因言:《答问》与陈《记》同一兼综汉、宋,若论识论闳通,文笔犀利,则陈《记》远不如《答问》。

余告之曰:不然。陈君经生,朴实说理,学以淑身。朱生烈士,慷慨陈议,志在匡国。《答问》文笔议论,远胜陈君,信如所论。然《答问》之体,适会多途,皆朱生当日应机作教,事无常准,《诗》《书》互错综,经史相纷纶,义既不定于一方,学故难求其条贯,又其言皆有为而发,非于晚清学风史实,烂熟于心,未易晓其端绪;不如陈君《读书记》之部居别白,牗启途撤,论议尽欠雄骏,开示弥征平实。又贤圣应世,事迹多端,随感而起,故为教不一。陈君宿学，但见戴学末流之猥琐，故欲救之以通，而于《公羊》有发挥，亡贬绝。朱生晚出，及见康氏今文之狂诡，更欲讽之以正，而于《公羊》大驳难，少赞扬。此其较也。

锺书因言：见朱先生《佩弦斋文》，中有与康长素论学论书诸书，皆极锐发。又谓：朱生自诩人称其经学，而不知吾史学远胜于经。

对此，钱基博认为：大抵朱生持宋学以正汉学，盖陈君之所同趣，而治经学以得史意，则陈君之所未到，又其较也。

以上就是《古籍举要序》中钱基博所记父子两人的一段对话。

钱基博记此，乃是对钱锺书的嘉许，他承认"闭户讲学，而有子弟能相送难，此亦吾生一乐"。很明显，此一乐，就来自于钱锺书。

然而，我们细读上引，就明白钱锺书，1930年夏的钱锺书，不仅读过《东塾读书记》和《无邪堂答问》，而且还读过朱一新的《佩弦斋文》，并且对此三者都有自己的看法，即：朱一新"识论闳通，文笔犀利"，而陈澧远不如。而《佩弦斋文》更见朱一新议论的"极锐发"。

钱锺书感兴趣的不是陈、朱两人著作中汉学、宋学之异同，及对《公羊》的不同态度，学问的条贯和统一，而是读后对两人文章印象：朱一新见识高，议论宏敞，文笔犀利，陈澧远不如。这也是父子两代学者的不同，钱基博着重的是两书的主旨，不脱传统学问的范畴，而钱锺书注重的是文章的高下，他对经学的汉、宋之区别，很明显不是如他父亲那么感兴趣。诚然，钱基博也同意钱锺书的看法（《答问》文笔议论，远胜陈君，信如所论），但他的兴趣明显不在这里，所以连说两者学术之不同处："此其较也，又其较也"，斤斤于两人的学术趋向，在钱基博内心是更服膺陈澧的，所以甘愿步陈澧的后尘，写有《后东墅读书记》，而这番关于学术趋向的说明，正好也同样揭示了父子两人治学方式上的异趣。

胡适·周氏兄弟·钱锺书

　　谢泳先生谈钱锺书为什么不谈论鲁迅的文章写得很长，引用了很多资料，却忘了一个很重要的材料，即钱基博发表在《光华半月刊》（第四期）上的写给钱锺书的两封信《谕儿锺书札两通》。其中一封信，钱基博明确警告儿子："我望汝为诸葛公陶渊明，不喜汝为胡适之徐志摩！如以犀利之笔，发激宕之论，而迎合社会浮动浅薄之心理，倾动一世；今之名流硕彦，皆自此出，得名最易，造孽实大！"他明告儿子不要向胡适、徐志摩学习，胡适、徐志摩都是迎合时流之人，不是真才实学之人。

　　钱基博笔下的胡适、徐志摩，其实正好代表着新派人物中的学者和文学者，他们在钱基博眼中，是不值得儿效法的对象。周氏兄弟虽然是章太炎的弟子，却并不是传承章太炎学问的人，在当时，也属于新派人物，因此，在钱基博意中，也不希望自己的儿子去效仿他们。

说起来，钱氏父子都是老派的学者，钱锺书在出国留学前，就一直写作旧体诗，交往的人物，很多都是东南高师、无锡国专的人物，他受的影响也都是老派学者方面的，如柳诒徵、唐文治、陈石遗、冒鹤亭、陈柱等等，钱锺书作为学者，他的主要著作也用文言完成，他的留学，目前看起来，只是为他的学术寻找可以比较印证阐发的材料和工具。他很感兴趣的书籍，譬如林琴南的翻译小说，特意写了《林纾的翻译》。在这个意义上，钱锺书的学术（诗论《谈艺录》和经史子集研究《管锥编》）是中国传统学术的扩展和深入，打破地域打通世界的学术，不过，他的出发点还是中国的传统。他留学英法，如果说是为了学问，不如说是打开了眼界，掌握了更多的工具（语言），比较更确切些。

胡适却不是这样。胡适留学，从学术上来看，其实是学会了研究学术的新方法。运用到后来的"整理国故"中，就让国人耳目一新了。胡适是懂得一点西方民主精神的，这是因为他虚心好学，接触广泛的结果，而钱锺书，他感兴趣的就只是学术和文学，在西方民主政治方面并无多少研究。

再来看看周氏兄弟，这两位其实是封建士大夫的延续，如李慈铭的后身。他们也去留学，却并不关心什么政治体制，他们留学日本，时代较早，时代思潮是反满复明，张民族大义，他们在日本接触的人，虽然周二娶了日本妻子，却绝大多数是中国人，在中国人的圈子里。这点也与黄遵宪、郁达夫等诗人不同。兄弟两人的性格，虽然周二表面显得稍微平和点，内心都是却刻而不宽容的，周二的关注多在文化，所以他主要是个文化学者；周大呢，识人，有思想，却不是现代的思想。他们与陈西滢的争论，更多是可以一逞刀笔之快，与杨荫榆之争，更多是不喜欢这个老处女的行政。此亦一是非，彼亦一是非，其实就是没有什么是非，口舌之争、派系之争而已。却因此得罪了无锡人，钱锺书就是无锡人，还是杨荫榆的侄女婿，又是旧派文学家的嫡派子弟，对周氏兄弟怎么会有好感？

钱锺书也是个尖刻的人，在私下议论中一定可以和鲁迅的尖刻媲美，只是当时鲁迅被抬得很高，他不想站出来成为大家瞩目的反周人物罢了。不过，钱锺书也从不放过可以表明自己看法的机会，一言半语，点到而已。在钱锺书眼中，知堂的文学论是浅陋的（笔者按：见《新月》的书评），粗放的，甚至可笑的，不过，对鲁迅却尚不敢这么说，因为鲁迅还是高明的，只是内心不服膺。这个不服膺有家庭影响，有自身傲慢，有无锡与绍兴的恩怨，有旧学传统，有更广博的文化视野，也有相同的性格！

与鲁迅和钱锺书相比，胡适在学术上的成就相对要低一个层次，因为他不能深入。在学术方面，钱基博看不起胡适，钱锺书则更看不起胡适，虽然胡适在这些人中，性格开明宽厚，有自己明确的政治理想，这些为鲁、钱不及，也为鲁、钱所不屑。

因此，钱锺书不评论鲁迅是很正常的，因为他们不属于一个学术体系，钱对鲁迅并不怎么感兴趣，且有先入为主的恶感，后来，鲁迅这种尊崇的地位，也使得钱锺书绕道而行。如果钱锺书要评论鲁迅的话，也最多一言半语的讥嘲，就像鲁迅也不会对钱基博生好感，即使要评论钱基博，也最多一言半语的讥嘲，记得鲁迅在《准风月谈后记》中就曾对钱基博《现代中国文学史》表示过一点不屑。鲁迅这样说：这篇大文，除用戚施先生的话，赞为"独具只眼"之外，是不能有第二句的。真"评"得连我自己也不想再说什么话，"颓废"了。

鲁迅在谈到陈独秀和胡适的不同时，有一个大家都知道的武器库的比喻，觉得胡适不怎么坦荡，有机心，鲁迅看人稳准狠，胡适此人也不是大家所看到的表面，这个人懂得待价而沽，所以在四十年代末会成为蒋介石眼中可以竞选总统的一员，试想，胡适如果是个单纯的学者的话，他会成为蒋介石眼中一枚棋子么？当胡适的一只眼在关心学术的时候，另一只眼却在关心政坛，可惜的是，中国当时的局面，非胡适可以大展宏图，因此也算不得志。钱锺书回避谈论鲁迅，是很正常的，要评论也不会有好话。我们谈论人的关系的时候，要注意人物之间的本质的不同（学术圈）和本质的同（人性）。民国学界人物，有很多独立的圈子，他们谈论别人，可能只有自己圈子里的人才不带情绪化，才更铢两悉称。

钱锺英谈"林纾的翻译"

题目没有写错，是钱锺英谈林译，钱锺英是钱锺书的三弟。

钱锺书写过一篇著名的《林纾的翻译》，专谈林译种种。而在 1934 年底，钱锺书的三弟钱锺英也谈过林纾的翻译。

钱锺英是知名的银行金融专家，不过，他不是金融科班出身，他是光华大学西洋文学系的高材生，1934 年毕业，论文成绩第一。钱锺英结婚后才改行，进入岳家的银行系统工作。钱锺英在《光华大学半月刊》上发表过《中国之语言文字学》长篇论文，连载五期（1936 年该刊五卷一至六期，其中三、四是合刊）。

1934 年底，刚从光华大学毕业不久的钱锺英致函金松岑，书信中以不小的篇幅谈到自己对林译的看法。金松岑回应了他的看法，钱、金来往书函，载于苏州国学会刊物《文艺捃华》一卷六期。

《文艺捃华》是金松岑、李根源等于二十世纪三十年代中叶在苏州创立的国学会刊物，以吴县图书馆及寓居苏州的旧派文人为主干，以谈论国学、发表文言作品和古典诗词为主。这本刊物影响不大，少有人谈及。据我所知，钱锺英有两篇文章发表于《文艺捃华》，其中一卷六期刊出钱锺英的《拟刘彦和与昭明太子论文选书》和他与金松岑的来往函件（钱两通，金复信一通），第七期又刊一篇，篇名未详（此刊未见，笔者从预告目录上看到）。

林纾译小说，在清季传诵一时，"五四"运动后，国故派为新文学派抨击，以林译不忠实，更肆讥弹。林氏不谙英语，以古文义法译欧美小说，自多不合欧美风尚及作者原意之处。然平心而论，三十年前国人得见欧美小说之面目，林氏介绍之功不可没。

钱锺英对林纾的翻译，见于他与金松岑书中：

松岑长者道席：锺英粗承家学，乃蒙眷睐，驽驷之马，伯乐所顾，亦思奋足。今誊上暑假前旧作两首，非云述作，敢求斧削。英父书徒读，旁及欧文，见近来译事，芜废如东坡所谓黄茅白苇，可为一叹。昔畏庐以韩欧之文，译欧美小说，海内传诵，以为绝业。然英嫌其过事雕镂，微伤重腒，如出以魏晋之散朗，不刻画而足以昭物情，乃益见事外远致耳。颇欲放手一为，非曰能之，幸勿斥其诞妄。敢布腹心，敬颂道绥。世小侄钱锺英谨白

　　该信透露了钱锺英毕业后的一大志向，即想投入翻译事业，"放手一为"，可惜事与愿违，最终搞了金融，没有实现自己的愿望。不过，他既然有此愿景，则对于翻译必然有他自己的思考，于是就有了信中的近来译事与林纾翻译的对比：近来译事"芜废"，即芜杂而颓废，如黄茅白苇般单一平庸；林纾的翻译呢？"过事雕镂，微伤重腒"，重腒，指脚步沉重，移动不便，即不够灵动。总而言之，钱锺英认为林纾的翻译过于精雕细刻，不及原著灵动和疏朗。须知，钱锺英是学西洋文学出身，他读过的原著不少，

因此他对于林纾的不足，有切实的体会。

苏州金松岑，天放楼主人，又名天翮，也就是最早写《孽海花》说部的“爱自由者”，他一向高自标置，眼高于顶，目空一切，后来因为办国学会，他和章太炎两人争雄，与章太炎产生很大的矛盾，这是后话。金松岑的眼中，林纾根本不在话下，他复钱锺英的信，略为申述翻译的历史，并简单给出了他对林纾的考语：

> 锺英兄鉴：奉手书，并大撰两篇，雅赡可诵，当分期登入文艺捃华。书中论译事，先得我心。在昔，晋唐译印度佛经，至为审谛，故能历劫不磨。今印度欲求佛书，有时反向震旦迻译以归。欧风东渐，始操译事者，多为粤人，其人类不与于岭南士大夫之列，故鄙倍可哂。嗣是而广学会、格致书院、尚贤堂译述西书，亦无非蔡尔康之流亚，无学无识，满纸浮藻。迨严几道、梁任公、林畏庐出，殆有雅制。严译《原富》八帙，上规周秦，可称奇作，林纾华缛，亦有情绪，而其技止于稗官。梁氏通方，词理昭畅，其人素无恒性，遂少完作。嗣是以降，几等自郐。大抵赡生

事急，不藉砻砺，呓语俚文，贻误学子，其中稍有贤者，又以欧美章句组入华文，侧峰横岭，殆难通贯。今阁下年未及冠，天资颖发，熟诵楹书，中西文学，俱占优异，纵师八代，旁骛九州，理窟勃瘁，辞条曲皀，冀于译事，得放异彩，企予望之矣。专复袛颂侍祺，天翮手复。

在金松岑看来，除了严复以外，其他人一蟹不如一蟹，都是些为了"赡生事急"，为稻粱谋的人物。他们的翻译，不是因为马虎草率，贻误学子，就是杂糅欧化，无从贯通。林纾呢，虽有雅制，不过是写写稗官野史，弄弄笔记小说的料而已。不过他也同意钱锺英的看法，即林纾的翻译伤于华缛，这即钱锺英所谓过事雕镂者也。

再来看钱锺英的复信：

松岑老伯道座：拜诵复教，诰以译事之利钝，源源本本，示以周行，敢不拜嘉。家兄锺书近以英文撰《论翻译》一文，载英文《评论周报》，专于严几道一家。唯英尚有一说：译事之兴，以达旨为尔雅（天演论译例。笔者按：此文中双行夹注，下同），及其既也，以直译为忠实，严复名词，多义译，而章士钊学名主音译（语见甲寅存稿）。严复义译为古文，而周作人直译以白话，严复之言曰译，文取明深，意精理微，言用汉以前字法句法，则为达易。用近世利俗文字，则求达难（天演论译例）。周作人之言曰译事三难，信达雅，严氏之所言也。顺文直译，如所出此之为信；削足适履，强以就我，何信之有？（周氏文集）苏玄瑛译西诗，林纾小说，文章义译，名词音译，裁于可不可之间，而严复则绝对义译，周作人则绝对直译，此如佛经之有鸠摩罗什与唐三藏矣。唯佛经先有直译而后义译，而欧籍则由义译而为直译，究竟孰为进步，非鲰生之所得论矣。敬复　即颂道绥　世小侄钱锺英顿首

钱锺英此信大谈直译与义译（今作意译），以严复、章士钊与周作人所论所译对举，最后提出问题：佛经先有直译而后义译，而欧籍则由义译而为直译，究竟孰为进步？究竟孰为进步呢？谁来回答？

钱锺英在此信中提到了钱锺书和他的一篇英文文章《论翻译》，谈到钱锺书的观点是专主严复一家，似乎当年并没有涉及林纾的翻译。不过在钱锺书后来的名文《林纾的翻译》中，就全部谈的是林纾及其翻译了。在该文中，钱锺书也有和钱锺英相似的看法，譬如提到林纾"造句松懈、用字冗赘"，正是"重腏"的同义。不过，钱锺书的《林纾的翻译》所论极深极广，其三弟信中的片言只语当然无可比拟，笔者这里放在一起说说，乃深感于兄弟之间的共同兴趣和共同思考耳。

下辑｜说杨

读杨绛《回忆我的父亲》札记

　　杨绛先生的《回忆我的父亲》一文，我读过数遍，偶尔还会重读。我对杨家一直保持着兴趣，该文有很多掌故可以稽索，每当在泛览中遇到杨家人，总忘不了看看杨绛怎么写，与我看到的是不是一致，以下就是我读《回忆我的父亲》后关于杨荫杭一点札记。

一、《留芳记》一笔带过

　　《回忆我的父亲》中有这么一段话：

我不信父亲对清室抱有任何幻想。他称慈禧为祸国殃民的无识"老太婆"。我也从未听他提到光绪有任何可取，他回国后由张謇推荐，在北京一个法政学校教课。那时候，为宣统"辅政"的肃亲王善耆听到我父亲是东西方法律的行家，请他晚上到王府讲授法律课。我父亲的朋友包天笑在一部以清末民初为背景的小说里曾提起这事，锺书看到过，但是记不起书名，可能是《留芳记》。听说这个肃亲王是较为开明而毫无实权的人。我父亲为他讲法律只是为糊口计，因为法政学校的薪水不够维持生活。

我读书向来是笨而傻的，看到这一段，就决心看看杨绛笔下的钱锺书的记忆靠不靠得住，于是就借了包天笑的小说《留芳记》来读。

《留芳记》是包天笑在二十世纪二十年代初创作的一部章回体小说。他在回忆录《钏影楼回忆录》中对《留芳记》的创作列有专章，曾孟朴《孽海花》用赛金花串合写晚清历史，包天笑则是用梅兰芳来串合诸色人物写清末到民国初年历史的，在时序上正好和《孽海花》衔接。这篇小说从梅巧玲、梅雨田写起，包天笑曾在其回忆录中对梅家表示过一点歉意，因为当年优伶也同时是相公堂子里的人物（像姑），这对后来的伶界大王梅兰芳来说，未免有点揭丑的意味。当然，包天笑二十年代开笔时，优伶地位承晚清积习堪称低下，不似当今冠以表演艺术家，甚至大师头衔以招摇过市，对此也无可奈何。这书在1925年由中华书局印成单行本出版。

《留芳记》里的人物与《孽海花》一样，也用化名，这原是文人狡狯，生怕被人视为诽谤，预留余地的。包天笑只是把人物的名号打乱穿插一番，熟知此段历史的人，不需索隐，等于一目了然。如梁任公，只是改作梁公任，荫昌改为荫长而已。

杨荫杭出现在《留芳记》第一集第六回：都下辇金老臣满志　御前借箸太后吞声。其文曰：

> 民政大臣肃善的府邸中，又延请了一位江苏人杨荫圃，每日请他讲一两点钟宪法。大家很有主张速颁宪法的。

所谓肃善，乃是肃亲王善者，著名的川岛芳子的生父，清亡后宗社党的首要分子。这位江苏人杨荫圃，自然就是杨荫杭老圃了。

钱锺书先生记忆力惊人，几乎是过目不忘。一部小说中这么一句，几十年后还能记得，很是了得。

顺便说一句，杨绛说：我不信父亲对清室抱有任何幻想。他称慈禧为祸国殃民的无识"老太婆"。使我想起同是无锡人的吴稚晖来，他在日本也骂慈禧为老太婆。

无锡人在这方面莫非有同嗜乎？

二、跷二郎腿的杨荫杭

《回忆我的父亲》之三一开头，杨绛转述了她的大姐的一个回忆，讲了杨荫杭这么一件事：

据我大姐讲，我父亲当律师，一次和会审公堂的法官争辩。法官训斥他不规规矩矩坐着，却跷起了一条腿。我父亲故意把腿跷得高高的，侃侃而辩。第二天上海各报都把这事当作头条新闻报道，有的报上还画一个律师，跷着一条腿。从此我父亲成了"名"律师。不久，由张謇推荐，我父亲做了江苏省高等审判厅长兼司法筹备处处长，驻苏州。

这件事，杨绛说上海各报都在头条新闻报道，未知究竟，不过《申报》上是有报道的，事情发生在民国元年，即1912年。该年6月7日的《申报》有《吴县法界怪现象》一篇报道——

吴县地方厅推事杨光宪在民庭问案时，有杨荫杭律师在旁听席旁听。杨光宪见其交股而坐，大肆辱骂，以为扰乱法庭。当时，杨荫杭唯唯听命，始终不与理论。待闭庭后，乃独访杨光宪，责其滥用职权，妨害人行使权利，并使人行无义务之事，犯刑法上专条，杨光宪大窘，然犹色厉内荏，口角移时，竟斥杨荫杭为无律师资格。杨律师言：我在东洋、西洋皆有专门法律学位，既非速成、剽窃，亦不仗情面、运动，安得谓之无资格？杨光宪羞愤交集，竟结合同庭推事六人，相约停止办公，必欲达其处罚杨荫杭之目的而后止。地方厅长不得已，乃向检察厅告杨荫杭以扰乱法庭、辱骂法官等罪，而杨荫杭亦在检察厅告杨光宪渎职之罪。现地方厅各推事方纷纷集议，以为法官全体必能攻倒一律师，今正布置一切，必欲陷害杨荫杭而后快，究未知其结果如何也。

在法庭上旁听席上，律师跷二郎腿，是不是有藐视法官的嫌疑？这很难判定。因为二郎腿的跷法各有不同，跷得高高，并不断抖动的话，在法庭上应该不会太雅观，我们不知道杨荫杭当年是怎么跷的，为了什么？想起来，藐视法官的心理是有的，他是东西方法律的专家，看到法官的表现令人失望，自然会生出不敬之心来。

杨绛认为父亲在上海做律师，说其父是做律师和法官争辩，所以有会审公堂的说法，大概是想当然了。所谓会审公堂，正确说法是会审公廨，是租界的法庭。《申报》明确说事情发生在吴县，与租界无关。民国的吴县，其实等于当下的苏州。而且当时杨荫杭不是代理诉讼，是在旁听席上旁听。

1912 年，杨荫杭三十出头，这次出现在庭上，并不是为别人辩护，而是在旁听席上旁听。孰料，因为二郎腿一翘（报道中称"交股"），引起了推事杨光宪的不满。民国法庭的推事，相当于如今的法官，是低于庭长的审判官。

杨荫杭和杨光宪两人背后有什么恩怨，报道中未提及，但应该可以猜到一二，就是通常意义上的律师和法官之间的矛盾。

这次杨光宪借一细故突然发难，杨荫杭显得非常镇静。对于杨光宪的"大肆辱骂"，杨荫杭在庭上不予理论，显得成竹在胸。到闭庭之后，才面对面交涉。两人吵架的结果，是杨光宪纠合同事，以罢庭为要挟，"必欲达其处罚杨荫杭之目的"。杨推事的上司也胳膊肘往里弯，采取一致手段，所有法官共同对付一个律师。

看起来，这场斗争完全是不对等的，杨荫杭必输无疑。

然而事情就是这么出人意料，杨荫杭是有奥援的。在江苏为张謇，在首都则为张一麟。

为什么这么说？请看《申报》6 月 30 日的报道：

吴县地方审判厅推事杨光宪与律师杨荫杭因细故争执一事，业经该厅推事苏宗轼、薛雪、史棠、夏敬履、王炎武等依法控诉杨律师违法侮辱等情，而杨律师则私诉于省议会议长张季直君，即由张君函致程都督，嘱为开导法官，勿小题大做等语。而袁大总统亦有电致都督府，其中有责备郑提法司不能善为处置之语。现闻程都督已令提法司先将该推事杨光宪撤任，一面善为开导，以期和平了结。

这是《申报》总题《苏垣近事汇闻》中的一条。

这里说得很清楚，苏州地方审判庭的杨光宪纠合该厅推事有：苏宗轼、薛雪、史棠、夏敬履、王炎武等，而杨荫杭则直接告到了时任省议会议长的张謇处。

张謇与杨荫杭的关系，杨绛在《回忆我的父亲》中说到两点：

> 我不知道父亲和张謇是什么关系，只记得二姑母说，张謇说我父亲是"江南才子"。锺书曾给我看张謇给他父亲的信，称他父亲为"江南才子"。这使我

106

不禁怀疑："江南才子"是否敷衍送人的；或者我特别有缘，从一个"才子"家到又一个"才子"家！我记得我们苏州的住宅落成后，大厅上"安徐堂"的匾额还是张謇的大笔，父亲说那是张謇一生中末一次题的匾。

一点是两人有通信，张謇许杨荫杭为江南才子；一点是杨家的"安徐堂"的匾额是张謇这位状元公题写。可见两人关系不错。

杨荫杭和时任袁世凯机要秘书长的张一麟的关系，则更是密切，两人是北洋大学的同窗老友。

于是，表面看强弱不一的双方，其实倒是强弱异势的。杨光宪实在小看了杨荫杭的背景和能量，等于是用鸡蛋和石头撞击。

这么小小的一件纠纷，最后竟然惊动了大总统袁世凯，这自然是张一麟"贵人相助"了。这场纠纷的结果，是杨光宪撤任，杨荫杭呢，次年即升任江苏高等审判厅厅长。

三、杨荫杭改任浙江的内因

1913 年 2 月 17 日，杨荫杭出任江苏高等审判厅厅长，到 1914 年 2 月 25 日《申报》报道，调任浙江高等审判厅厅长，在江苏司法界任上不过一年。

据 1913 年 7 月 18 日《申报》上海版报道：高等厅长回避述闻：苏垣司法界，现奉部令，法官须回避本县等情。苏省高等审判厅长杨荫杭检察厅长陈福民均系苏省人氏，是以亦须回避，改调他省……

这是很冠冕也是很正当的理由，然而内因却并不是这么简单。

就在这一年 2 月，发生了一件影响历史走向的大事：宋教仁在上海被刺。杨荫杭走马上任不过几大，就碰上了这么棘手的大事：1913 年 3 月 20 日夜晚，宋教仁由上海启程去北京。22 时 45 分，被杀手刺杀于上海火车站，于 22 日凌晨 4 时 48 分不治身死。

当年上海县属于江苏省管辖，所以，宋教仁一案的审判，正是在杨荫杭属下的上海地方审判厅。

杨荫杭就这样无可逃地深深卷入了政治风潮之中。他因为不满上海地方审判厅对宋案的审判，决定对上海地方审判厅全体改组。上海法官自然不甘，与杨荫杭对抗。

据 5 月《申报》报道：

司法部尚未明底蕴

上海地方审判厅改组风潮发生后，本埠司法界中人以高等总厅长杨荫杭任意任免法官，侵权违法，纷电司法部，请为主持在案。兹悉司法部对于此事因未悉底蕴，已致电杨厅长饬令明白具复，以凭核办矣。

上海县议会也投入与杨荫杭的对抗：

县议会之紧急动议

县议事会议员赵履信等对于高等审判厅长杨荫杭撤换地方审判厅全体人员，另行改组一事，认为违法，特于昨日在会场临时紧急动议，提出意见，拟电司法部彻究。当经公决通过。兹将议案暨电部原文录后：

（议案）查法庭为人民之保障，以其确守法律，绝无偏倚。设法官自行违法，其如人民之保障及信仰何！本邑地方审判厅长黄庆澜由光复时艰苦缔造，以法律维持秩序，至今并能力争主权，昭昭在人耳目。近以宋案发生，法部迭电黄厅长留办，乃高等厅杨荫杭违背部令，擅行撤换，不解一；高等厅有任免地方厅长之权系属何种约法，不解二；一日之中立逼交卸与取缔违法之官等，不解三。拟电请法部彻究。

从以上两个报道可知：宋案发生之后，杨荫杭要撤换的是上海地方审判厅的全体人员，而且是"一日之中立逼交卸与取缔违法之官"，可见雷厉风行，有不换不行的急迫。

这次改组风潮，自然与宋案人有关系。然而，宋案的背景太复杂了，不但与上海都督陈其美有关，还与袁世凯有着脱不了的关联。作为审判官，杨荫杭要的是宋案的真相，让真凶归案，对历史负责，而这正是与宋案关系人极力要掩盖的。杨荫杭急着要撤换上海地方审判厅全体人员，自然是看到了宋案审判中种种可疑之处，为揭开真相所作出的努力。

面对这样的局面，放任杨荫杭撤换，宋案真相就可能大白于天下，对杨荫杭惩戒和撤职，则显得欲盖弥彰，反启人疑窦，最巧妙的办法就是调虎离山，让杨荫杭无所施为。找一个什么理由能达到目的呢？杨荫杭是江苏无锡人，回避本籍，他就管不到发生在上海的宋案了。

1913 年 7 月 18 日《申报》上海版地方新闻栏：

苏州

高等厅长回避述闻：苏垣司法界，现奉部令，法官须回避本县等情。苏省高等审判厅长杨荫杭检察厅长陈福民均系苏省人氏，是以亦须回避，改调他省……

这一年 9 月底，时任司法总长的梁启超，还请杨荫杭去北京商讨司法事。

杨绛在《回忆我的父亲》一文中说：

一九一三年秋，熊希龄出任国务总理，宣称要组成"第一流经验与第一流人才之内阁"。当时名记者黄远庸在《记新内阁》（民国二年九月十一日）一文里说："有拟杨荫杭（即老圃者）长法部者，此语亦大似商量饭菜单时语及园圃中绝异之新蔬，虽不必下箸而已津津有味矣。然梁任公既长法部，识者谓次长一席终须此圃。此圃方为江苏法官，不知其以老菜根佳耶，抑上此台盘佳也。"显然我父亲是啃"老菜根"而不上"台盘"的。

黄远庸所说不为无因，但最终没有成为现实。

1914年2月25日《申报》上海版，议员与官吏条报道：杨荫杭调任浙江高等审判厅长。

这一节，杨绛在《回忆我的父亲》中一笔带过：

> 我父亲当了江苏省高等审判厅长，不久国家规定，本省人回避本省的官职，父亲就调任浙江省高等审判厅长，驻杭州。

不知杨绛知道不知道内里还有这样的幕后？也许是故意"回避"了此节也难说。

四、屈映光从不吃饭

杨绛《回忆我的父亲》中说：

> 我父亲当了江苏省高等审判厅长，不久国家规定，本省人回避本省的官职，父亲就调任浙江省高等审判厅长，驻杭州。恶霸杀人的案件，我从父母的谈话里只听到零星片断。我二姑母曾跟我讲，那恶霸杀人不当一回事，衙门里使些钱就完了，当时的省长屈映光（就是"本省长向不吃饭"的那一位），督军朱某（据说他和恶霸还有裙带亲）都回护凶犯。

这里说到一个浙江省长屈映光，用了一个"今典"：本省长从不吃饭。不知道当年情况的话，就不知道是怎么回事。从不吃饭？难道吃屎？这是读者必然会有的联想，虽然知道并不是这么回事，或必然另有原因，不解释，就难知究竟。

首先，杨绛这里略有舛误，1914年，杨荫杭到浙江

113

就任高等审判厅厅长时，屈映光并不是浙江省长，而是浙江巡按使，所以，屈映光不可能说"本省长从不吃饭"，而只能说"本使"。这点，《民国演义》相对而言比较严谨，或更近真实。

《民国演义》第六十九回"伪独立屈映光弄巧　卖旧友蔡乃煌受刑"中说：

> 屈映光连接这种文件，真是不如意事，杂沓而来。可巧商会中请他赴宴，他正烦恼得很，递笔写了一条，回复出去。商会中看他复条，顿时哄堂大笑。看官！道是什么笑话？他的条上写着道："本使向不吃饭，今天更不吃饭。"莫非是学张子房一向辟谷？这两句传作新闻，其实他也不致这样茅塞，无非是提笔匆匆，不加检点罢了。

原来屈映光是拒绝邀宴，不受吃请。只是当时急不择言，所以闹了笑话。用现在的话说：我从来不接受任何邀宴。这简直是当下遵守八项规定的模范人物，虽然文字上惹人笑话。

鲁迅《两地书》中有："报言章士钊将辞，屈映光继之，此即浙江有名之'兄弟素不吃饭'人物也，与士钊盖伯仲之间，或且不及。"鲁迅的说法又有不同，说的是兄弟，似乎更符合屈映光的口气，"本使""本使"未免太把自己当回事了，说兄弟，才是当年官吏应有的口气。记得几年前台湾各党魁来大陆参访，讲话时无不"兄弟""兄弟"自称，大陆人士很新奇，很不习惯，如果多听听民国人物讲话的录音，就知道鲁迅笔下的叙述比较近真。

顺便一说，督军朱某，指的是朱瑞其人。

杨绛在文中又说：屈映光晋见袁世凯，告了我父亲一状，说"此人顽固不灵，难与共事"。袁世凯的机要秘书长张一麟（仲仁）先生恰巧是我父亲在北洋大学的同窗老友，所以我父亲没吃大亏。我父亲告诉我说，袁世凯亲笔批了"此是好人"四字，他就调到北京。

屈映光至少在表面上是拥护袁世凯帝制自为的，所幸张一麟卫护北洋同窗杨荫杭，这次杨荫杭因为在浙江任上惩治恶霸，惹起风波，又安然度过，并且再次获得了升迁到京畿的机会。

五、杨荫杭在北京

杨绛《回忆我的父亲》说到杨荫杭在北京:

> 我想,父亲在北京历任京师高等审判厅长,京师高等检察长、司法部参事等职,他准看透了当时的政府。"宪法"不过是一纸空文。他早想辞官不干了。他的"顽固不灵",不论在杭州,在北京,都会遭到官场的"难与共事"。我记得父母讲到扣押了那位许总长不准保释的那一夜,回忆说:"那一夜的电话没有停。"都是上级打来的。第二天,父亲就被停职了。父亲对我讲过:"停职审查"虽然远不如"褫职查办"严重,也是相当重的处分;因为停职就停薪。我家是靠薪水过日子的。

杨绛的想法对不对?是不是合乎情理?杨荫杭升迁到北京后,是不是"早就想辞官不干了"?

我这里还想补充杨绛未提到的二点:1914 年,袁世凯

116

大总统曾授予杨荫杭三等嘉禾章。

1915年3月6日，杨荫杭由浙江高等审判厅长，升迁为京师高等检察厅长，同时授杨荫杭为上大夫官衔（笔者按：杨绛说是历任京师高等审判厅长，京师高等检察长，司法部参事，未知何据？《申报》上但见任命为京师高等检察厅厅长和投闲置散的司法部参事）。

袁世凯是近现代著名的奸雄，他很会笼络下属，不仅封官晋爵，往往还有金钱。杨荫杭得到的，是当年他这个级别相应的爵衔。

杨荫杭到北京后，把自己的家也一起搬到了北京，自然是为了定居。其间经历了袁世凯大总统、洪宪皇帝、黎元洪总统、宣统复辟、段祺瑞讨逆、徐世昌大总统，他都在北京做官，似乎并不是要辞职不干的样子。他真正决定辞职，不是在碰上许世英而被撤职之时，而是又过了两年，做着投闲置散的司法部参事时，这个官毫无职权，味同鸡肋，杨荫杭才决定辞职而去。

杨绛说：

　　据我国近代史料许世英受贿被捕，在一九一六年五月。国务会议认为许世英没有犯罪的证据，反要追究检察长杨荫杭的责任；许世英宣告无罪，他随即辞去交通部长的职务。我想，父亲专研法律，主张法治，坚持司法独立；他小小的一个检察长——至多不过是一个"中不溜"的干部，竟胆敢拘捕在职的交通部总长，不准保释，一定是掌握了充分的罪证，也一定明确自己没有逾越职权。他决不会顺从国务会议的"宣告"，不会承认国务会议有判决议。我不知这个案子是如何了结的，可是我料想从一九一七年到一九一九年秋，我父亲准是和北京的行政首脑在顶牛。一九一九年他辞职南归，没等辞职照准。

杨荫杭在高等检察长任上碰上了交通总长许世英受贿案，应该是 1917 年 5 月，而不是杨绛说的 1916 年 5 月，相差了一年，《申报》的报道必不会差错一年，只能是杨绛弄错了。

杨荫杭逮捕许世英等人，证据充分与否，程序上有无瑕疵，在当年报纸上并不敢和杨绛一样那么肯定，请看《申报》当年的报道：

118

北京电：许世英已暂保出归津，厅传审国务会议以杨荫杭未获证据，下令逮捕实属滥用职权，应先停职，交法部查办。张总长主不发明令，由部呈付惩戒。

（5月7日《申报》新闻）

首先，许世英是保释出狱的，并没有不准保释。杨荫杭则因为"滥用职权"而被停职。司法总长张耀曾的态度是：对杨荫杭"惩戒"，相当于如今的行政处分。

《申报》又有杨荫杭逮捕许世英乃是挟嫌报复的说法，还有选择性执法的嫌疑，同时亦见当年政府中派系纷纭，舆论复杂之状：

北京电：许世英昨保释后，杨检厅长因涉滥用职权嫌疑停职查办。今日各报交通系与研究派以阁员干涉司法为自己留地步为言，国民派揭杨在苏高厅任时，许为总长，有嫌怨，以此报复。第三派报纸则谓许案自应严办，但挟嫌逮捕，仅据报载及议员质问，量由不充，且如收买存土，及汤芗铭辈残杀纳贿，皆

119

经报载与国会质问，何不逮案云云。

媒体有护杨的，有佑许的，又有中间派，认为汤芗铭更应该逮捕法办的。这里提到杨荫杭在江苏任高等审判厅长时，许世英正好任司法总长，两人结有嫌怨，当指杨意欲撤换上海地方审判厅全体法官，引起全体法官反击，随后杨因回避而调任浙江之事。这种纠葛，是否会使得杨荫杭趁机报复？该报道不过是自己给出的解释。

1917 年 5 月 8 日，《申报》又有《许世英保释出狱》一文：

> 江朝宗、吴炳湘、权量三人联名具结保释许，于下午四时释出石驸马大街本宅矣。
>
> 许君前夜到地方厅看守所时，即与陈锦涛君对谈甚久，且云：我们今日在此可算开一次国务会议，并没有什么相干，惟做官二十多年，上有八十二岁之老亲，一旦受此挫折，颇觉难过耳。陈君云：我倒并不着急。昔张文襄尝以平生未尝过参官味道为恨，我们今日非特饱尝参官味道，且并看守所之味道亦来领略

一遭，岂非一种绝好经验乎？许氏于十分愁闷之余，亦为之莞然。

　　此夜许氏终夜未能成寐，追昨晨有许之友人某某数君往视，初见时，许默然无语者久之，泪涔涔下，某某数君亦相对惨沮无言。少顷，许始勉强开口曰：诸君来看我，盛情可感，余自信平生不作亏心事，而今日竟遭此横来之灾，士可杀不可辱，余尚有何面目见家人戚友乎？某君极力宽慰，谓此案不久自当水落石出，我公心迹自有表白之一日等语。许始稍慰。办理此案之高等检察厅厅长杨荫杭有因此案停职听候查办消息，其变幻如此之速，闻仍系出于国务院一方面，其理由闻系因一：未奉大总统之命令；二：未见有告发人；三：并无充分之证据，但凭国会质问、报纸记载云。

这篇报道再次给出杨荫杭停职听候查办的原因有三：一：未奉大总统之命令；二：未见有告发人；三：并无充分之证据，但凭国会质问、报纸记载云。这还是等于说：程序上有问题，证据不充分。看来杨荫杭逮捕许世英之举，确实是存在一定瑕疵的。

据我看，杨荫杭为人未免嫉恶太甚，处事操切。

这一年，离杨荫杭辞官南下，还有整整两年。

六、绣谷公墓

杨绛《回忆我的父亲》中说到母亲去世，葬在木渎的绣谷公墓：

> 父亲买得灵岩山"绣谷公墓"的一块墓地，便到香山去找我母亲的棺材。
>
> 有一位曾对我母亲磕头的当事人特到上海来接我父亲到苏州，然后由她家人陪我父亲挤上公共汽车下乡。父亲摘掉眼镜，穿上一件破棉袍，戴上一顶破毡帽。事后听陪去的人笑说，化装得一点不像，一望而知是知识分子，而且像个知识分子。父亲完成了任务，平安回来。母亲的棺材已送到公墓的礼堂去上漆了。

《杨绛生平与创作大事记》记载父亲的安葬：

> 1945 年 1 月，《弄假成真》出版。3 月 27 日，父亲在苏州寓所脑溢血去世。我夫妇到苏州与我姐姐弟弟等于 3 月 30 日安葬父亲于苏州灵岩山绣谷公墓母亲墓旁。4 月 1 日回上海。

关于杨荫杭去世的确切日期，另见文《杨荫杭死于何日》，此不赘。杨荫杭夫妇安葬在木渎的绣谷公墓，就在灵岩山下，公墓至今尚存，2012 年 3 月，我曾特意去寻访过。

那天密云不雨，起意要去找找杨荫杭、杨荫榆的坟墓（印象中公墓还葬有才女杨必的坟）。

早知道杨家的墓在绣谷公墓。

绣谷公墓就在灵岩山坳里，就是那个直通寺里的卷扬机、铁轨旁边。这里有绣谷公墓，天灵公墓，西北边还有一个老鹰嘴，也是墓地，如今通称为灵岩公墓，南边则有苏州公墓。

坐公交 512 路到灵岩首末站，往北百米即是。

记得此前来过两次，二十多年前还是高中毕业，体育课是爬灵岩山，我早早到顶，余下的时间，一走就走到了那里，简直就是喧嚣人生的反面，冷静而寂寞。很多年后，有亲戚来这里做坟，我也曾来过一次老鹰嘴。

　　这次是第三次，专为探勘杨荫杭夫妇和杨荫榆的坟地而来的。从杨绛的文章看，他们就葬在绣谷公墓，还是二十世纪四十年代前后的事，距今已经七十多年了，不知能否保存到如今。但我又想，杨家后代众多，且家里数代中名人如群星闪耀，这些坟应该不会忘记打理，且对于公墓当局来说，也可以是招徕顾客的广告。怀着这样的想法，我满怀信心来到这个"现实世界中的幽冥聚居地"。

　　在公墓里走，就像读着一本录鬼簿，或是浏览一本点将录。眼前一排排的坟墓，上面镌刻的都是逝去的人，有些已经来了许久，有些才到不久。每块石头下面，都埋葬着一部长篇小说，有喜剧、悲剧，有精彩，有平淡，有乏味……不管生前怎么辉煌，这里占有的都是相差不太大的一块地。甚至生前是名人，这时也默默地占据着一角，毫不显眼。譬如，有个叫张行之的先生，和两个太太葬在这里，这位张姓，是乾隆时期的大盐商，后代却是悬壶济世行了医，据他的后人的描述，生前施医施药，帮助了很多人。然而，很少有我这样的人，驻足关注一下。当然，也有很轩敞的坟墓，走近看，墓碑上却是阿根阿土，还有狗度之类的名字，看得出后代也翻身大发而有了钱。

不妨再说一个墓碑，上书黎艻斌和高为绚，这对夫妇不是同日生，黎生于 1909 年 7 月 23 日，高生于 1908 年 2 月 21 日，但他们夫妇俩的生命却同时终结于 1966 年 9 月 16 日。为什么？是意外事故，还是……鉴于 1966 年这个古怪的年份，我更愿相信，里面还有一个未揭开的大悲剧，站在这个坟前，我忽然想起了傅雷朱梅馥夫妇，这两人的遭际大概会和傅雷夫妇一样。石碑上还有两位的相片，男的英俊女的美丽，却一同终结于浩劫之中，他们身前并不有名，但还是碰到了那迈不过去的坎，然后结伴死去，被子女葬在这里。

很多人死去了，就留下这一块地，一个碑，一个姓名，除了子女，再没人认得他们。但也有例外，这个绣谷公墓，还埋葬了一个大名鼎鼎的海上闻人——黄金荣。麻皮金荣，过去为重兴灵岩山出钱出力，如今也就占了不大不小的地，碑上刻着：显祖考黄公金荣府君之墓，位于乡民所说的石滩上。

在乡民看来，黄金荣是这里的第一名人了，就犹如安息公墓的林昭。但是，我心目中要找的却是杨荫杭、杨荫榆，似乎应该还有乔大壮，他应该也葬在这里。

然而，黄金荣，死于二十世纪五十年代初，即他的坟，也不过是个衣冠冢了。

那么，杨荫杭、杨荫榆的坟墓呢？问来问去，没人知道。他们不会知道，这两个人活在世上所做的事，所成就的功业，远不是黄金荣这样的人可以比拟的。然而，听说，黄金荣管家的后代，今天上午还来坟上祭奠过。

我走遍了整个绣谷公墓。这是一个规模不大，但安排有点凌乱的公墓，我要找的墓碑没有看见。

已经什么都没有了。

公墓里的人讲："文革"中把所有老坟都掘毁了，把所有的骨骸全倒出来埋在一处了，弄了个万人坑，把地腾空出来，招待新鬼了。

下午，我徜徉在山间，读着一个个陌生的于我毫无意义的名字。

126

杨荫杭与苏州美专学生

1931 年 11 月 24 日,《苏州明报》广告栏里忽然刊出一份《杨荫杭启事》，其文曰:

> 敝处对于学生持简募捐者，向来备极爱护。虽自愧绵力有限，然从无拒绝之事。故来者无不如愿而去，其例已不胜枚举。以后敝处仍照向例，始终不变。但须声明者，美专学校学生，敝处未能欢迎，以后请勿光临，以免徒劳往返。特此布告，至祈鉴谅。（标点为笔者所加）

1931 年 9 月 18 日，是东三省沦陷的日子，事后，救亡运动如火如荼地在各地展开，其中之一就是学校学生走上街头募捐，苏州也不例外。当年苏州各学校都组成小组，穿梭在小巷深处，市民也总是有钱捐钱，慷慨输捐。大律师杨荫杭何以要在报纸上连刊三天启事，并特别拒绝美专学生呢？

原来11月23日，《苏州明报》上刊出了一封苏州学生救国反日会致杨荫杭律师的公开信。这封信正好刊在报章上部，而该份《苏州明报》上部已经蚀损，残缺不全。姑录能看到的部分，以见其实。

（前缺）致函杨荫杭律师

……（接）到苏州美术专门学校来函，内云：敝校第七募捐队，于十九日奉命

……（杨荫杭律）师家，由门房通报募捐来意，待门房手持铜圆数枚，出付余辈，窃

……非寻常律师可比，况见其房屋之巍峨，装饰之奢丽，决非出一二枚铜（圆）

……同学二人，入内请求，未至中堂，讵该律师高声怒叱。女同学狂惊而（逃）

……安静而入，果见该律师怒跃而前，挥拳掷掌，破口大骂，斥余辈为（盗匪）

……法庭，惩办盗匪，指募捐旗帜为抢劫武具。余辈以学生之资格，尚

……（忍）辱而出。事关侮辱青年，有妨救国运动，请求贵会设法处置云云。

……（马占）山将军之举，盖见暴日之野心勃勃，欲并我河山，东北将士皆沉醉

……之中，有独醒之志，舍身御暴，誓死抗日，勇冠全国。忠将先贤，

……师所深悉也。敝会员积少成多之心，慰援忠勇，虽杯水车薪，亦以

……师道德文章，公正言旨，虽观念不同，然亦应鼓励我青年之热心救（国）

……而反出言不逊，态度之凶暴，有如癫狂，卑视我学生，污辱我清

……非特有妨救国运动，而于国际旁观者，实为最耻最辱之事。敝会为

……特函警告，即希贵律师以后改正自新，勿再

129

作无理之举动，切记切记。

……学生救国反日会谨启　　十一月廿三日（括
号中为笔者臆补）

　　这份来自苏州救国反日会的来信如上，虽残缺不全，
但内容大抵明白。主要是说，苏州美专的第七募捐队，19
日到庙堂巷杨荫杭律师家募捐，门房通报进去，杨荫杭正
好在家，就叫门房拿了几个铜圆给他们。结果这些学生嫌
少，就叫两个女同学强行进去强要加添。这举动惹怒了杨
荫杭，据信中的说法，就是杨荫杭"高声怒叱"，"该律师
怒跃而前，挥拳掷掌，破口大骂，斥余辈为（盗匪）"，于
是，这个第七募捐队，就上告到救国反日会，希望他们出
头，这个会就写了以上一份致杨荫杭的公开信，在报上发
表，给杨荫杭施加压力，警告他"以后改正自新，勿再作
无理之举动，切记切记"。这个救国反日会说他们是为抗
日英雄马占山募捐的，讲了许多堂堂正正的大道理，意图
反衬出杨荫杭律师缺乏救国热忱，甚至"有妨救国运动，
而于国际旁观者，实为最耻最辱之事"。
　　这封信义正词严的指责一下子把杨荫杭置于不利的地

位，于是第二天就有了上面的《杨荫杭启事》。

为抗日救亡募捐，固然是一件好事，然而，不能因为主题的正义性就可以使用不择手段的行为。应捐人本来就是自愿，出多出少，都是一份抗日爱国的心，不能因为"房屋之巍峨，装饰之奢丽"，就必须相应地拿得更多，这是强盗逻辑。杨荫杭实在是受不了他们一脸正义面孔的骚扰，忍无可忍才怒火中烧的。如果信中描述得不错，杨荫杭"怒跃而前，挥拳掷掌，破口大骂"，对于一个律师来说，已经很失态了，正好说明这个第七募捐队的作为是如何地使他怒不可遏。

学生做事，往往凭一时意气，勇往直前，不考虑别人的感受，以为只要自己正义，别人就应该积极配合。孰料别人有自己的事，有自己的烦恼，有自己的生活，并不是华屋渠渠就一定钱多的。1930 年，杨荫杭的大儿子宝昌因病去世，使他相当悲痛，比较而言，他在苏州的律师生涯也并不太好，他是有名的大律师，收费高，但也因此请教的人相对来得少，所以杨大律师的生涯并非大家想象得那么好。

《大光明》在 12 月初刊出《美专募捐之刺激》，谈到

131

美专与杨荫杭的冲突，颇有持平之论，文章说："募捐应捐，双方都属赤心勇义之行为，自应互相谅解。故不论任何方面，其态度似应恭逊揖让，始足以言仁义。美专同学，经此刺激，自当有以自省也。"

杨荫杭死于何日

关于杨荫杭的生平资料，其女杨绛《回忆我的父亲》一文可能是最详尽的来自至亲骨肉间的回忆了，该文是1979年冬为中国社科院近代史研究所调查清末中国同盟会会员情况而作的。我接连读了三遍，奇怪的是，文中居然没有杨荫杭去世的确切日期。

当年杨绛在上海，而杨荫杭在苏州去世，地域很近，她还到苏州奔丧，应该明白其尊人去世的确切时日，然而文章中真的没有。读者只能知道杨荫杭于抗战胜利前夕的1945年，在苏州去世，终年67岁。在杨绛编辑的其尊人的《老圃遗文辑》有一个杨荫杭简单的年谱，或许由于体例的问题，对杨荫杭的卒年也只是写明1945年，因中风逝世。这就引起了我的好奇心，觉得或许可以经过自己的努力找到答案。

近来我在读周班公主编的《小天地》时，在其出版于1945年5月1日的《小天地》第5期，《文坛·影坛》栏目中有一个消息："著名戏剧家杨绛女士之尊人，因疏散去苏州，不意火车过挤，高年不胜其苦，到苏州不久，遽以中风谢世。"当时的杂志可能脱期，这期《小天地》标明5月1日出版，未知是否也存在脱期的问题，不过日期最晚应该不迟于当年的6月底。这年的4月30日，苏军占领柏林，希特勒自杀身亡，5月7日、8日、9日欧战宣告结束，日本的侵华战争由于德、意的失败变得独木难支，因此影响到上海市面与人心，这个时期活跃于上海滩的杂志一度纷纷停刊，成为一个有标志的忌日。《小天地》第5期也是它的最后一期，夭亡在抗战结束的前夕。

杨荫杭因疏散而回苏州，所谓疏散，其实就是重庆政府开始派飞机轰炸南京与上海——反攻开始了——而不得已逃难的异称，时间当在1945年4月之后。因此基本可以确定，杨荫杭的死必定在1945年4月到5月，至迟6月初。本着这样的想法，我决心去苏州图书馆古籍部的民国报纸中查查。

孰知古籍部的民国报纸，只有一份《江苏日报》有1945年的，其他十数份这一年均告阙如，于是只得耐着性子在电脑上翻读了半天，结果一无所获。《江苏日报》是战时苏州（省会所在）出的一份报纸，民国三十年（1941年）9月16日，汪伪国民党中央宣传部派冯节接收此报，改组为《江苏日报》。《江苏日报》在同年10月10日出版，对开一张，地址仍在苏州。社长冯节，编辑冯子光，总经理徐靖宇，之后冯子光、翁德健先后于民国三十一年和三十三年接任社长，陈方中、唐起翔先后任总编辑，陈其昌总经理，副刊主编是郭梦鸥。报纸的广告栏中也曾见"杨家讣告"，细看却不是老圃，只得作罢。

有友人告诉我，杨绛还有个自编大事记里，提到其尊人的逝世日期是1945年3月27日。如果杨绛在大事记中提供的答案是正确的话，那么我的文章就变成研究"1+1=2"，根本没有存在的价值了。研究一个不存在问题的问题，使我落到了一个可笑的境地。

这个问题本由读《小天地》的那则消息引起的，由于好奇，去查杨绛《回忆我的父亲》和《老圃遗文辑》，发

135

现杨荫杭的死亡日期存在疑问，于是根据自己掌握的资料（抗战结束前、疏散，五月号《小天地》……），判断老圃之死应该在 1945 年 4 月之后的一个时间段，随后就到图书馆查阅有 1945 年报纸的《江苏日报》，结果是失望而归。

照我判断，像杨荫杭这样的人死亡，按照当年的惯例，其家属在一般情况下，应该在当地报纸刊载讣告，毕竟是电话尚未普及，而报纸刊登讣告并不以行政级别为限的年代，所以应该在报纸的广告栏中找到一些线索。我一向是在不疑中有疑的人，私心觉得要有报纸上讣告验证才可以认定。既然昨天已经搜索过报纸 1945 年 4 月以后的所有版面，今天不妨回头看看 4 月之前。

《江苏日报》1945 年 3 月的报纸不知为何只到 3 月 26 日，接下来就是 4 月 1 日，这里边有缺损还是本来就如此，我不知道。那个战乱的岁月，以及随后的各种动乱日子，报纸现存的情况使我不敢追寻造成此种情况的原因，我只能看 3 月 26 日的报纸。

我是怀着忐忑不安的心情开始看的，因为友人曹震先生提供的日期是 3 月 27 日，那么 26 日的报纸无论如何是不会登载一个在第二天才死去的人的讣告，而 27、28、

29、30、31 的报纸又恰恰没有，这事情其实已经失败了一半。

然而事情并不如我预想的那样，在 26 日《江苏日报》头版的左下角，映入我眼帘的恰是"杨宅报丧"的方框。其文曰：

杨补塘先生讳荫杭，痛于国历三月二十二日丑时，寿终苏州庙堂巷七十一号本宅，谨择于二十六日（旧历二月十三日）二时大殓。特函报闻

恕不另报　择吉安葬

痛辞发指　不再讣告

安徐堂启

（标点笔者加，格式已重排）

真可谓皇天不负有心人了。杨荫杭死于 1945 年 3 月 22 日丑时（午夜过后 2 点前后），这才是他具体真正的死亡日期。

那么，杨绛大事记的记载也是错的。杨绛大概把自己前往苏州奔丧的日子，误记成尊人的忌日了。另外，读这

则讣告，可以知道杨家是新派人家，报丧没有什么"泣血，
匍匐，稽颡"等传统套话。虽然他们住的地方是一文厅，
而杨家的堂号是安徐堂，这也是大家未必知道的。

杨荫杭与宋徽宗铁大观

　　1915 年，有人在河北盗墓的时候，挖掘到一种北宋的大观通宝铁钱，共有十三枚。这钱非常奇特，可以称为中华钱币史上最大的钱币。究竟大到什么程度呢？据杨荫杭的记载：周长是建初尺二尺，直径六寸半，上书瘦金体：大观通宝，乃宋徽宗道君皇帝手笔。

　　建初尺，乃是汉初使用的度量衡制度，一尺等于如今 23.58 厘米，二尺就是 47 厘米多，直径有约 15 厘米。由此可见，这钱之大了。

　　这十三枚大铁钱，被盗墓者带到洛阳，卖给了洛阳的古玩店里。随后被一个北京玩家全部买下，消息传出，却引起了洛阳知识界的公愤，他们不愿古物流出洛阳，要把它截留。这时，买家已经离开洛阳，于是大家起诉了这位京城买家，买家被羁押在监狱中，钱币也被暂扣。

买家为了脱身，夤缘通了路子，就把钱币一并送给了时任河北道的范寿铭。范寿铭得到了这十三枚大钱，也不十分珍惜，想起好友蒋中觉精于鉴古，尤嗜钱币，就拓片寄给时任淮阳县知事的蒋开开眼界。蒋中觉一看惊呆了，这可是极其罕见的好东西啊。马上派了亲信去见范，一定要弄回几枚。亲信不辱使命，花了一百大洋，从范寿铭手里买到二枚。后来，蒋中觉遇到范寿铭，又从他手里弄到两枚。

1923年春，杨荫杭从上海移居苏州，置产庙堂巷，正好与蒋中觉成了邻居。两人在鉴古和学问上很是投契，蒋中觉就把自己收藏的四枚中的一枚铁大观通宝送给了杨荫杭。

杨荫杭说，这种铁质的大观通宝，很是稀奇。它是一种合背钱，即正反面都铸造有瘦金体的"大观通宝"字样，与一般常见的大观通宝只有一面有钱文的完全不同。其书法遒劲可喜，所谓"毫发无遗憾，波澜独老成"。杨荫杭说，清代戴熙最喜欢宋徽宗的瘦金体了，曾在文章中说看见过宋徽宗瘦金体的帖，都不及钱文来得神完气足。杨荫杭叹道：戴文节公（即戴熙）可惜已经不在啦，如果让他见到这铁钱上的瘦金体，该会怎样的喜欢啊。

可见杨荫杭得到这钱的欣喜之情。

北宋为什么会有这么大的铁钱出现呢？

杨荫杭对此进行了求索和考证：考宋世河北产铁，苏辙尝议铸铁钱，行于河北诸路。大观中曾于怀卫州建铸钱院。此钱于河北出土，当是怀卫州铸钱院所铸。

当年蔡京当国，因为用兵，造成国库空虚，就铸了这样的大钱，给军队军费支出。不过，如今常见的政和大铁钱，发行不久就官私都不肯使用，像大观通宝大铁钱这么"狼犺"的铁疙瘩更不可能流通了。这种钱，很可能是用作北宋发行纸币"交子"的储备金（或称准备金），当时称为"桩留""桩备"。当年"交子"超发，很快贬值，到最后一缗只值十数铜钱。这也是这种特大大观通宝铁钱流传极少，且历史上没有记载的原因了。

1945 年杨荫杭去世，未知大钱后来下落如何。

这枚来自蒋中觉的大铁钱，也未见杨绛在回忆中提及。她在《回忆我的父亲》中说："父亲留着一箱古钱，准备充小妹妹留学的费用。可是她并没有留学，日寇和家贼劫余的古瓷、古钱和善本书籍，经过红卫兵的'抄'，一概散失，不留痕迹。财物的聚散，我也亲眼见到了。"不知这其中有没有这枚珍贵的宋徽宗铁大观在，但最终的结果总是散失而不留痕迹，这是不待言的。

杨荫榆大战王骏声

1935 年春，在镇江的江苏省教育厅厅长周佛海派出省督学王骏声，前往苏州督察指导。王骏声此行的目的，主要是督察苏州的省立苏州中学。

苏州中学是一所赫赫有名，历史悠久的中学，它的前身是端方创办的江苏师范学堂，由罗振玉作第一任学堂监督，1912 年，改为省立第一师范学校，北伐后，组建为第四中山大学区苏州中学，1928 年改称省立苏州中学。1933 年全省高中学业会考，苏州中学学生囊括了前三名，引起全省教育界的震动。

就是这样一所学校，王骏声到底来指导什么呢？

一

不妨先来看看王骏声的履历。

王骏声，1894年8月16日出生于浙江省乐清县南岸村（今乐成镇），字亦文。1918年留学日本，进东京高等师范学校教育系学习，1923年学成归国，任温州省立第十中学师范部教员兼附小主任。1927年，王骏声任省立高级中学训育委员会主席，1935年任江苏省教育厅督学，此时正是他的日本同学周佛海在江苏省教育厅厅长任上（周佛海在1932年初起任江苏省教育厅厅长，直至抗战起）。很明显，王骏声由浙江转江苏，并到在教育厅出任省督学，与老同学周佛海不无关系。因此，我们可以说王骏声是个靠山很硬，很有背景的省督学。

王骏声之来苏州中学督察，几乎相当于江苏省教育系统的"钦差大臣"。

我们再来看看杨荫榆的履历。

杨荫榆，网上也有她的介绍，这里想引用一点别的资料：杨先生原籍系江苏无锡县人，早年毕业于上海务本女校中学科后，由本省考派至日本留学，毕业于东京女子高等师范。为学生时成绩甚优，两次毕业，皆名列第一。由日本回国后，历任苏州省立女师范教务长，北女师学监主任兼数理教员，凡五年。复由教育部选派至美国留学，及得有学士硕士学位，是时国内适当"五四"学潮之后，办学棘手，北女高师尤甚，教育部促杨先生归国，任女高师校长，杨坚不就，在经济窘迫穷困之时（是时政府经济竭蹶，留学生官费中断），继续研究又二年，归国后，历任女高师女师大教授及校长，北男师大教授，及教育部专门以上学校视察，回南后，曾任外交部苏州交涉员公署顾问，及苏女中首席教员，东吴大学教授。

以上是杨荫榆的学生文章中对她的介绍，杨荫榆生于1884年，比王骏声大了10岁。1924年任国立女子师范大学校长，分别留学日本和美国，得有美国的硕士学位，还做过教育部的专门以上学校视察（相当于国立专科学校的督学，王不过是省立中学的督学），从履历上比较，杨荫榆是学历高，资历深，地位高，王骏声则相形见绌，所不同的是，王骏声现任省督学，杨荫榆则当年只是苏州中学的一名初中英文教师。

二

1935 年的暑假，王骏声视察苏中的报告出笼了，此文长达一万余字，全文主要部分曾在当年的《苏州明报》上连载。

这是一份面面俱到，琐细苛刻的报告，报告表明，王骏声不仅督学，连学校的行政也不放过，都要一一加以指导。譬如视察之后，他认为苏州中学做得不够，要求切实改进的有：

> 训导主任应改为训育主任，教导副主任与训导副主任为规程所悟，亦为事实所不需，应一并裁撤，教导主任应遵行教训合一实施办法第九条所规定之任务；
>
> 各级普通导师，应遵行教训合一，实施办法第十二条所规定之任务；
>
> 高中部既有教导会议，一切教训事宜，均可于该项会议讨论议决，无须再分教务会议与训务会议，反

致重叠；

　　高中部级任导师会议，应每两周开会一次，以符规定；

　　高中部学生集会及膳堂秩序，仍应切实纠正，早操集合，亦应力求敏捷；

　　高中部每次纪念周，导师应全体出席；

　　高中部宿舍，应一律加辟储藏室，寝室内概不准放置衣箱网篮等物，以求整洁；

　　高中部体育设备，应求完备，学生课余运动兴趣，应指导提倡；

　　高中各级课程支配，应完全遵照部颁课程标准，如有特殊情形，必须酌予增减或移动者，应呈经核准，至女生尤应增设儿童养育法及家庭管理法课程，并增加家事设备；

　　高中三年级学生旷课过多，实由于取缔不严，应重订取缔规则，并严格执行；

　　高初中各级地理，应增加问题习作，测验虽属重要，不能以之代替问题练习；

　　初中高级算术，板演不能普遍，仍应充分习作，以重课业；

　　高初中卫生设备，应设法充实，校医应改聘专任，常川住校；

　　高中男生早操，如地点便利，应改在第一院举行；

　　从以上条文可以看出，王骏声的指导相当教条，他俨然自恃为教育真理的代表者，说一不二，完全蔑视很多年来苏州中学的传统习惯，指指点点，不可一世。

　　这且不说，该视察报告中涉及杨荫榆的有如下几点：

　　杨荫榆任秋三甲及春二丙级英文，学生习作内容，乱杂不堪，毫无中心，而导师订正，亦仅作 ABC 等记号，殊属玩忽之至。

　　杨荫榆课初中春二英文文法，指各造句练习，费时一小时之久，方法殊嫌板滞，且自始至终，板书未见只字，尤属不合。

　　最后的结论是：查该校初中主任沈国文，教员蒋文华、杨荫榆、张身立等，前据该督学等呈请奖惩，业经令行在案。

这四位教师，王骏声的要求是不但惩戒，还要辞退。

三

杨荫榆自北京回到苏州之后，走了一路的下坡，从国立大学校长到苏州女师的首席教师，再到东吴大学教授，都因为其性格和人际关系，难以立足。先是和苏女师的校长陈淑关系不佳，在振华兼课又因为养狗，自己出门，而狗大声吠叫，引起学生和王季玉的不满，在东吴大学，也因为东吴一中许功先意外溺水，她在追悼会不当发言，也引起校方不满（事见杨绛的回忆）。

到 1935 年顷，杨荫榆不得已就了苏州中学吴元涤校长之聘，担任了苏州中学初中的英文教师。当时很多人认为这是大材小用了，杨荫榆不这么认为。她觉得"教育实施，当自下层排基础，程度愈低，功效愈多"，杨荫榆反而怡然自乐。

然而，王骏声此来，就听了杨荫榆一节课，在王骏声看来，杨荫榆竟是苏州中学教法最差，态度最不认真的老师，甚至到了必须辞退的地步。

这样的羞辱，对杨荫榆的自尊心是一个极大的打击，不仅如此，甚至还影响到了她的生计。我们知道，自苏州中学教职丢了之后，杨荫榆最后的职业就是自己创办二乐女子学术研究社了，已经弄到没人敢聘用她的地步。

话说回来，一个教育厅厅长的红人，来苏州督导，听杨荫榆的课。杨荫榆为什么不做好准备，多写写板书，多换换花样，像其他很多教师对待上级听课一样。作业呢？平时不认真，也不妨作作假，准备点好的给他，敷衍过去。然而正是因为杨荫榆的不屑和傲慢（据说在督察期间，杨荫榆数次表示了对王骏声官派作法的不满），使得志得意满的王骏声的自尊受到了挫伤。而这个时候，两人的资历学历已经不是可以比并的条件，杨荫榆被捏在王骏声的手中。

杨荫榆的经历和性格也是造成后面骑虎难下局面的要件，早在女师大校长任上，学生罢课，她就动用刘百昭带领老妈子冲进女师大，为社会所诟病，她一向不善于审时度势，她一向喜欢硬顶硬撞，一个女性，在艰难时刻，总是表现得相当的鲁莽、任性，这也为她后来被日本兵枪杀描下了宿命的一笔。

四

在这场争斗中，杨荫榆完全是被动的。

王骏声深藏不露，自苏州回到镇江后，向教育厅提交了他的督察报告。

随后，惩戒与辞退的命令更是杨荫榆猝不及防，因为时在暑假，不见续聘，就是辞退的信号。

杨荫榆不仅没有被续聘，后来又见到了王骏声报告的全文，原来这里面，杨荫榆被说得是如此不堪。

已经没有回旋的余地了，怎么办？

杨荫榆采取的措施是拼死一战，两败俱伤：把王骏声也拉下马。

当然，杨荫榆的背后，也不乏高手的指点，其高手之一，很可能是他兄长，在苏州做律师的杨荫杭。

首先是造舆论，形成对杨荫榆同情的舆论氛围，进而对王骏声施加压力。

于是，杨荫榆的学生发了公开信，表示支持自己的老师。

杨荫榆的得意学生顾庆华、许绳武等在公开信中为老师鸣不平：

（师）教训学生，纯出真挚态度，督率用功，尤极严厉，学生敬畏之，爱戴之，得益甚多，受训责者，鲜有怨言。庆华等先后均受教于杨先生，故知之甚详。今者省督学王骏声先生，乃以数十分钟时间之观察，而遽断其优劣，其不正确，不言而喻，且杨先生乃教育专家，其教学方法，种类极多，能因地制宜，临机应变，故平日不专一法，教授英语，利用图画，不读死书，对图发问，而引导学生，练习会话，实最有兴趣之方法也，而王督学反以为板滞，实所不解。查官费遣派国外留学之女学生，回国后，对于社会国家，服务效率之最大者，当首推杨先生，杨先生为女界之泰斗，后学者之表率。年来杨先生避居苏城，退让贤路，担任初中教科，知之者皆为杨先生惜，有提倡教育责任者，应如何鼓励之，劝导之，不出此而反诬之若此，实不可解矣。今读报载，杨先生指摘王督学误会之点甚详，王督学若能师君子"知过必改"之态度，更正其评语，此事或可告一段落，否则杨先生蒙冤莫白，王督学有遂过之讥，吾侪为杨先生之学生者，亦不能袖手也。

此段文章不像出自初中学生之手，说理严密，逻辑严谨，很可能是假学生之名的高手所为。

接下来，又有了公民二十一人的呼应，上书教厅，这里录入当年刊出的一部分：

厅长钧鉴：读报载杨荫榆先生，上钧长书，知杨先生对于督学王骏声先生处惩评语，未能屈服，事关教育，且杨先生亦教育界有相当资望之教师，教厅对此，似不应以含糊了之。绳祖等以公民之资格，特联名请求钧长，予杨先生以相当答复，以便早日解决此案，至纫公谊。再贡献者，此后凡省督学视察学校，参观教员上课，宜选其学识，经验，及资格之高出于该被视察教员者，最小限度，亦须选其与该教员程度相埒者，否则不能使人甘服，徒多纠纷而已。又若有督学认为应处惩之教员，不宜以短时期一二人之私见为定，宜特组审查委员会，会同该校当局，与该教师开诚商榷，使其改良，然后重行视察，若不能改良，然后将事实呈报厅长，由厅长决断，以商榷式之书函，通知校长，由校长通知本人，如此予教师以改良之机会，事实确凿，不致发生误会及冤狱矣。又为督学者，出外视察时，不宜任意游玩，不宜受任何人之招待与宴请，不宜受任何人之请托与指使，以避嫌疑，而重公务，不识钧长以为然否？尚乞明以教我，绳祖等幸甚，教育幸甚。（下略）

这二十一位公民分别是许绳祖、顾庆华、吴大松、王永植、林祖膏、俞汝济、俞汝孚、吴之庆、吴之康、吴之宝、沈学彬、刘馨文、徐皆苏、张廷槐、倪德贞、管义全、王泉林、沈金祥、潘传爵、王咏之、邱翀。其中顾庆华就是上面的学生顾庆华，许绳祖疑即上面的许绳武的弟兄，又是他们带头组织了这一次的声援。这封信同样写得要言不烦，绵里藏针，应该与上面提到的学生公开信出自一人之手，也非杨荫榆自己操刀，当另有捉刀人。

这封信是从另一角度来批评教厅与王骏声的不当，甚至还怀疑王骏声的私德。

公民们认为，王骏声资格、学识、经验都不足与杨荫榆相提并论，而偏要指指点点，不能使人心服。教员是校方聘用的，督学没有权力直接惩戒教员，更不能以一个人的私见好恶决定一个教员的奖惩。最重要的还在最后：王骏声在苏州"任意游玩""受任何人之招待宴请""受任何人之请托与指使"，暗示说：这个人是不适任督学职务的。

从二十一位公民的上书来看，王骏声确实有疵可指，而教育厅在程序上也有可议之处。

与此同时，杨荫榆先后五次上书周佛海，要求撤除王骏声的职务。

周佛海则采取了拖和私下协调的方式要化解矛盾。

杨荫榆起先的两封上书目前没有见到，可以见到的是后面的三通。

杨荫榆的第三封信，其基本诉求是"请将王骏声撤职查办之处分，否则必将依法提起行政诉讼"。在信中，杨荫榆说，前后两函，都没有回信，只有易君左复函称厅长赴沪未归。这当然是很明显的托词。杨荫榆也明白，所以说："荫榆知厅长办事认真迅速，决不致逗留沪渎，置厅事于不顾，推究其故，或为王督学之徒所蒙蔽隐藏，不然何致寂无音讯耶？"她要求撤王骏声的职，"为吾国教育除一蟊贼，去一凶顽"，不然就要正式提起行政诉讼。

此信上后，周佛海还是避不出面，更不表态，来了一手刚柔相济的权谋，央教育部段锡朋次长来抚慰并说服杨荫榆，告诉她适合大学教育，会帮助她进大学教书，同时又让捅娄子的王骏声自己化解。王骏声采取的措施是，修补报告中的不足，进一步坐实杨荫榆的不足和错误。

然而，杨荫榆生就不依不饶的性格，她不扳倒王骏声，不能消气，更不会罢休，于是又有了第四次上书。

杨荫榆认为："惟此事关于榆个人事小，关于教育事大，厅长派遣督学视察，为欲促进教育，指导教职员，使之改进，意至善，用心至苦也，然而王督学不能仰体钧长改进教育之至意，一意妄为，蒙蔽钧长，摧残教界服务人员如此，是而可忍，孰不可忍，故敢冒昧上言耳。"接着，杨荫榆逐条驳斥了王骏声在来信中的进一步"罗织"，并愤怒地指出："盖荒谬妄为如王督学，是非既无标准，褒贬多出情感，学识既甚浅薄，人格又极卑陋，且不能开诚布公，予同人以积极之指导，更不能光明磊落，在教职员前下评语，加以颠顶糊涂，错误迭出，然而狐假虎威，以钧长为后盾，教师之一经被贬者，宛如被噬于疯犬，绝无生路，其同情者，亦惟敢怒而不敢言，恐其见恶于督学，已亦难免被噬也。综上所述，王督学非特万不胜督学之重任，且即谓为教界蟊贼，又岂云过？"

当说到这样的话语，杨荫榆其实已经注定了以后的悲剧。周佛海一向察察为明，自诩聪明，哪能忍受被"蒙蔽"的指责？如果把王骏声撤职，不是正好坐实了被蒙蔽的指责？而王骏声与杨荫榆的矛盾也到了你死我活再没有和解的地步了。

此信致周佛海后，周还是一个不出面不置答，而由秘书处来信，对杨荫榆夸奖了一番，说可以为她介绍大学的教职。很明显，王骏声即使错误了，教育厅和周佛海也决定官官相护，掩盖起来，杨荫榆毕竟是外人，指给她一条出路，希望她就此罢休。

然后，杨荫榆又有了第五次上书。

这里不妨把杨荫榆的第五次上书全文披露，以飨读者：

厅长钧鉴：第四书谅已达览，顷又接范烟桥先生转来秘书室覆函，对榆所述王督学谬误事实，仍未解释，仅对榆褒誉有加，并历叙榆之学历经验及办学成规，以致其仰慕之意，且云：王对榆之学问资格，并未加以訾议。又云苏人士语及荫榆曩日办学之成规，靡不深加钦仰云云。此言颇自信，盖榆以前办学状况，凡知识阶级正人君子类皆知之，且语出自堂堂钧厅秘书室诸公，榆虽愧不敢当，然深信其出于至诚，惟榆之学识经验资格程度等等，秘书室诸公虽已煞费调查之苦心，惜其所调查者，偏于榆个人之经历资格等项，而于榆所述王督学之谬误事实，却未提及，或曰秘书室诸公与王督学同为僚寀，不可不曲为顾全，其对榆所述谬误事实，虽未必公然承认，然而心已明瞭，特未形诸词句而已。若秘书室诸公，不承认王督学之谬误，则必驳斥榆之不暇，安能褒誉若此？此言似乎有理，谅钧长亦必同意，果尔，则钧长对于王督学可以

158

不必曲为顾全矣。明知王督学之势力，或有使钧长为难之处，然榆深信"知难行易"之训，钧长既知之矣。于行之何有，语曰：理直则气壮。又曰：当官而行，何强之有？又曰：柔亦不茹，刚亦不吐，毋纵诡随，以警罔极。钧长其可以兴矣。该函所云："经师易蒙师难"两语。榆亦赞成，盖中小学为教育之根本，中学又未教育重心所在，其教员必须有精密之研究及高尚之人格，方能胜任而愉快，惜王督学不明教育，以为初中程度浅，正可位置无学无识之私人，故对榆力事排斥，该函至譬榆于鸾凤大贤，实不敢当，所榆上书，绝未作类此之自尊语，榆之生平，尤未有此态度，吴校长之评语，有"杨先生对于教课异常热忱"之言，我侪从事教育者，只知尽心尽力，诱掖后进，语曰：学然后知不足，惟不学无术之人，乃易于自尊自大耳。该函又云：王督学欲为大学师范专门学科谋获良教授云云，荫榆敢正告王督学曰：省督学之职务，系视察中小学而尽其知道改进之责，教师进退，系校长之职责，督学可以贡献意见，以供校长参考，报告厅长，俾厅长得悉学校状况，如此而已，无论大学专门学校教授之获得，非其分内事，即中小学教员之推荐，亦有徇私之嫌疑，王督学于其分内职务，未能胜任，而于荐举私人于其所视察之学校，却极热心，实太不避嫌疑矣。察其推荐私人，排斥有相当程度之人之用心，不外削足就屦，以求学校程度之减低，而便于学识毫无之督学而已。又该函不但表示秘书室诸公之"钦佩""钦慕"，且述王督学有"敬佩之忱"云云，岂王督学有此由衷之言耶？关于教法，秘书室诸公代王督学言，不过"本个人观感所及聊进一解"云云，然其"聊进之一解"，不但毫无价值，且有大害，吴稚老譬为狗咬，榆之为疯犬噬人，大有害于人类。或曰：其被噬者，可以及早打针救治之，（实例甚多，兹故从略）直道而行如荫榆，平日除尽心尽力，为学校教课而外，向不研究打针之道，教界同人之类榆者甚多，故一旦被荒谬之观感所及一解聊进，则宛如被判死刑，而其聊进之一解，竟较专制帝王之诏饬，尤为尊严，虽被害者婉转呼号，声嘶力竭，举国之人，虽流同情之泪，教厅诸公，竟置不顾，秘书室诸公之来函，一如临刑犯人之酒食，被害者如榆，实已不能饗食之矣。

这第五次上书后，一切就没了下文，杨荫榆照样失业，她自己绝了重获大学教职的路，从此开始自办教育。而王骏声最后也被偷偷免了职，任镇江中学校长，风头一过，复出又成为省督学。

1951年，王骏声以恶霸地主的罪名，在镇反中被枪毙，这是后话。

杨荫榆和她的"二乐女子学术研究社"

　　1936 年 6 月 24 日，正是章太炎先生在苏州锦帆路寓所去世的日子，杨荫榆创办的"二乐女子学术研究社"第一次出现在苏州人的面前。所谓"二乐"，很多人告诉我是智者仁者乐山乐水的典故，我却不敢相信。在那个时代，大概没有什么妇女肯以智者仁者自居，她们不敢僭越，甚至往这方面想，我更愿意相信这是教学相长，以教以学为乐的意思。

　　那天的《苏州明报》上有一篇杨荫榆创办"二乐女子学术研究社"的报道：

杨荫瑜等创办学术研究社
名流赞助者百余 闺秀加入者颇多

俞庆棠、杨荫榆、罗韩孝芬女士等，发起在苏州创办二乐女子学术研究社，业经张一麐、张一鹏、李根源、唐蔚芝、金松岑、陆鸿仪、刘敬禳、杨永清、汤国梨、汪典存、袁世庄、许博明、周琢英、王佩净、薛葵珍、文乃史、江长川、顾丁渭琦、朱周口及上海方面陈鹤琴、黄任之、江恒源、沈恩孚、杨卫玉、李登辉、胡敦复、何德奎、聂曾纪芬、郭鲍懿等名流百余人，热烈赞成，或慨允捐助巨款，或尽力匡襄社务，进行颇为努力。现已拟定在最短期间内着手招生，视时间许可，暑期即须开班，校舍暂定杨宅耦园。房屋宏伟，地点幽静，风景幽美，有泉石之胜，嘉树名卉，四季繁荣，好鸟时鸣，环境至佳，并闻觅有宽敞地基，另图建筑新校舍，其所研究科目，有家事园艺国画应用工艺烹饪音乐、儿童教育国学、外国语算学等，注重生利实用，现特定于日内开筹备大会，通过简章规程，即拟登报征求社员，将来该社成立，当可使女子教育，放一异彩。先设筹备处于盘门瑞光塔南杨宅，又闻该社虽未正式成立，而女界名家闺秀，愿入社研究者，已有十余人之多。（笔者按：该报道有一字不清，用口代替。）

　　一般而言，杨荫榆是二乐女子学术研究社的实际主持人，据以上报道而论，则发起人不仅是杨荫榆一人，至少还有俞庆棠和罗韩孝芬。俞庆棠是唐文治（蔚芝）的儿媳、女教育家，与杨荫榆曾是东吴大学、振华女校同事，后者韩孝芬，是罗良鉴夫人。杨荫榆罗致了很多名流、学者为她壮声势，其中苏州名流，很多是杨荫榆教育界的同事，这里不妨介绍几个大家不熟悉的名字，如陆鸿仪，是当年有名的大律师；杨永清是东吴大学的校长；许博明、周琢英是一对夫妻，苏州的大藏书家和富翁；文乃史是前东吴大学校长，美国人；这是苏州方面。上海方面，都是教育界名流，其中何德奎是杨荫榆的侄女婿，郭鲍懿是郭秉文夫人，聂曾纪芬更是曾国藩幼女、聂缉椝夫人。除了教育界名流，还有一些是杨荫榆的务本女校的同学，如汤国梨、韩孝芬、袁世庄和郭鲍懿。

　　这些人对于杨荫榆的意义，更多相当于如今的领导题词或合影，对这个研究社来说，除了广告外，并无实际意义。对于这些名流，不过是人情和交际。其中一些则是出钱赞助的，如许博明夫妇，这对夫妇乐施好善，赞助过很多学校。

从这个名单，我们不能看到这个学校的前景和实力，但可以看到杨荫榆的交往和朋友圈。杨荫榆与她的姐姐不同，她喜欢和别人交往，又在很多学校任教，当她自己办学，她教育界的朋友们乐于列名为她后援。

在此之前，杨荫榆大战省督学王骏声，没有了教职，看来这件事并没能影响到杨荫榆在苏州或是在江苏（包括上海）教育界的个人声誉，不但有家乡无锡的大学校长唐蔚芝（无锡国专），而且苏州的教育界更是齐全：杨永清（东吴大学校长）、汪典存（苏州中学校长）、王佩诤（振华女中副校长）、文乃史（东吴大学外国教务长），上海方面也不例外，黄炎培、李登辉、胡敦复、杨卫玉等都是中华职业教育界的头面人物，因为这个二乐女子学术研究社，看名称就不是教育序列，而是职业教育序列，所以她必须得到这些人的支持。

报道说，社址原定耦园杨宅。据杨绛《回忆我的姑母》说：

那时我大弟得了肺结核症。三姑母也许是怕传染，也许是事出偶然，她"典"了一个大花园里的两座房屋，一座她已经出租，另一座楠木楼留着自己住。我母亲为大弟的病求医问药忙得失魂落魄，却还为三姑母置备了一切日常用具，而且细心周到，还为她备了煤油炉和一箱煤油。三姑母搬入新居那天，母亲命令我们姐妹和小弟弟大伙儿都换上漂亮的衣服送搬家。我认为送搬家也许得帮忙，不懂为什么要换漂亮衣裳。三姑母典的房子在娄门城墙边；地方很偏僻。听说原来的园主为建造那个花园惨淡经营，未及竣工，他已病危，勉强坐了轿子在园内游览一遍便归天去了。花园确还像个花园，有亭台楼阁，有假山，有荷池，还有个湖心亭，有一座九曲桥。园内苍松翠柏各有姿致，相形之下，才知道我们后园的树木多么平庸。我们回家后，母亲才向我们讲明道理。三姑母是个孤独的人，脾气又坏——她和管园产的经纪人已经吵过两架，所以我们得给她装装场面，让人家知道她亲人不少，而且也不是贫寒的。否则她在那种偏僻的地方会受欺，甚至受害。即活买，期满卖主可用原价赎回。

166

看来，杨绛不知道她"三伯伯"（杨绛称三姑母为三伯伯）典的园林就是沈秉成的耦园，因杨荫榆典租了其中的一部分，所以称作耦园杨宅，这里是她准备创办"二乐女子学术研究社"的社址。

筹备处则设在杨荫榆自购的居宅瑞光塔南，杨绛《回忆我的姑母》中说："我记得那时候她已经在盘门城河边买了一小块地，找匠人盖了几间屋。不久她退掉典来的花园房子，搬入新居。"

根据上文的报道，杨绛或有误记，耦园和盘门瑞光塔南的住宅有一段时间里是一同拥有，并非前后衔接。但很快事情就发生了变化，这或与杨荫榆和耦园管园产的经纪人吵架有关。

该年的7月7日《苏州明报》刊出二乐女子学术研究社招生广告，却并不提耦园，只说杨宅了。

次日，《苏州明报》又有杨荫榆的学生谢巾粹的一篇文章，针对此前白雪的一篇文章而言：

读了白雪先生的一个女教育家之后（谢巾粹）

在这国难当头，外侮日亟的时候，女子教育必须有深切研究的女教育家来提倡！正沉闷间，看到报上发现了：杨荫榆先生发起的二乐女子学术研究社，正合了我的意思。回想民二年时，杨先生在女二师，恰是吾级的级任老师，吾们既佩服杨师的学识、经验，更感觉杨师的和蔼可亲热心恳切，宛如慈母的态度，后杨师应聘北女师，我级同学哭留无效，一别二十余年，我也南北奔走，滥竽教界，却久不与杨师相见，今读报得杨师地址，驰车趋访，适有客在内，入室方知即吾俞师庆棠，杨、俞二老师，正在商议社务之推行，分任教务，闻俞师亦为发起人之一，且家政科课程即由俞师及其他著名教界人士如汤国梨女士等七八人分任，俞师对于杨师很敬重，很佩服的样子，这是我亲眼目睹的。昨见吴县日报白雪先生很敬重我的俞师，然而对于俞师很敬重的杨师反而指摘，实所不解，或许白雪先生编事太忙，难免失检，我希望白雪先生能与杨师诲人不倦的态度接近，则误会或可以不再发生了。

白雪即《吴县日报》副刊《吴语》的主编薛白雪，白雪文当刊于《吴县日报》，惜该报缺失无存，无从查勘。据谢巾粹文而推测，则薛白雪是不满杨荫榆之人，写文章扬俞抑杨，引起谢巾粹的不满，写文章维护师尊声誉。

该文饶有趣味处，在讲到杨荫榆在女二师应聘北女师之时，学生竟是"哭留无效"，以见当年杨荫榆受学生欢迎程度。这与她在北女师，在鲁迅等指使下，被学生许广平等驱赶，刘百昭带领老妈子作打手，正好形成明显之对比。

很多文章谈杨荫榆办二乐女子学术研究社，都说社址在耦园和盘门两处，我又查找出的"二乐"在萧家巷志恒里开学的广告。

1936年8月下旬的《苏州明报》头版的广告栏里，有一个《通告》，详如下：

> 本社新社址在苏州萧家巷志恒里，洋房二所，宿舍宽敞，花园草地，并有洋式浴间、抽水便桶。一切设备完善，颇合学生寄宿。有志向学者，请速报名。九月四日开学，特此通告（简章备案）。

问题随之而来，请注意这个通告的开头，是说"本社新社址"，则很明显还有"旧社址"。那么"二乐"的旧社址在哪里呢？当然就是所谓的耦园杨宅。但情况比较复杂，其实瑞光塔南杨宅也曾被定为社址过。

1936年7月初《苏州明报》的广告版，有"二乐女子学术研究社招生"一条广告，其内容如下：

科别

国学 家政 英文 日文 图画五科

性质

集中专修务求精进实用而又有选修伸缩余地家政科则包含重要科目十余科

资格

师资班须师范高中毕业相当程度 普通班资格不限

报名日期

七月即日起至十五日止 报名费两元 学费内扣除

简章

函索附邮票二分即寄

报名地点

盘门内瑞光塔南杨宅 电话一八七号

可见，因为和看园经纪人发生矛盾，放弃耦园之后，杨荫榆退归自己的家：瑞光塔南杨宅，作为暂时的过渡。随后，8月，已经找到志恒里，才放弃瑞光塔南杨宅。这时候，还不到9月开学时间，所以耦园和瑞光塔南杨宅实际上都不是真正的"二乐"社址。

1936年9月，"二乐女子学术研究社"正式在萧家巷志恒里拉开序幕。

据《申报》1936年9月1日的一篇报道《苏二乐女子学术研究社讯》：

发起人为女教育家

苏州二乐女子学术研究社发起人，为杨荫榆、王菊芬、张素云、俞庆棠、杨令茀、罗良鉴夫人罗韩孝芬六位女士，均系饱学知名者。闻该社系一专科学校性质之研究机关，以造就专门人才、职业师资为目的。现正在筹办开学，社址已租定苏州萧家巷志恒里洋房两所，校舍宽敞，内有花园草地及西式卫生设备，远道寄宿生更为适宜，日来报名者初高中生甚多。该社聘定之教授，有东吴大学教授凌敬言，陶慰孙博士，韩砚朋硕士，王佩诤，杜鲁林，汤国梨，林彪夫人，孙永谦，名画家冯寅，西画家颜文樑，法学家薄公雷等。定于9月4日开学，5日上课云。

这是二乐女子学术研究社开学消息，距正式开学不过三天之遥，则社址在萧家巷志恒里确凿无疑。发起人与6月的报道已经有所不同，多出了三位，一定是这几个月里运动的结果。这篇报道还提到"二乐"聘定的教授，大都是东吴大学和美术专科聘请而来，其中林彪夫人值得一说，盖此林彪，非我们熟知的那位，而是当年江苏省高等法院院长林彪。

志恒里的二乐女子学术研究社自1936年9月4日开

学之后，有关它的新闻在苏州当地报纸上报道不多，我只见到此年底有一个白昼被盗的新闻，没有破案。下面是当时的报道：

二乐女学社失窃书画
报告公安分局查究

萧家巷志恒里二乐女子学术研究社，近已放寒假，除办公室一所有数人外，教室一所，寂然无人，门窗校门均未关销。校役照顾未尽周到。昨日白昼中，窃贼光临，将中间陈列之二名画家冯寅、马振麟合作立轴花好月圆人寿四幅（窃去）。（该画）确为精心佳构，装裱又极精致，秋初陈列图会中，深得观众赞赏。昨午失窃后，该社当即报告附近公安分局查究，如能物归原主，拟备相当酬谢。

（按：原文有两处不通，括号内由笔者添补。）

不知大家注意到广告中的细节没有，二乐的招生就是在学校中，报名还是即日起，那么，二乐虽然在寒假，其实也是在招生办公，然而居然发生白昼失窃的事（确切地说，失窃发生在午前)，可见"寂然无人"确实不假。从某种意义上看，被盗似乎与管理松懈有关，也有可能是生员不多，经营不佳的结果。

1937年7月7日是大家都知道的卢沟桥事变发生的日子，也标志着抗日战争的正式开始。目前所能见到的《苏州明报》，1937年到6月30日为止，7月到12月无存。所以，我只能看6月的报纸。在6月的《明报》上，居然差不多一天隔一天刊着"二乐女子学术研究社"的招生广告。这个广告粗看和我在以前文中所引相同，看到最后，才发现校址变成了：娄门内小新桥巷11号耦园，电话187号。那么，"二乐"的校址真有耦园这一处了？好好地在志恒里为什么下个学年又要搬迁？那个187的电话，也搬了几个地方。

6月发布的公告，地址是在耦园，说明杨荫榆已经放弃了志恒里，再次选择了耦园。这时距离日本军占领苏州的11月19日，不过四个多月。据常识来分析，8月13日打响上海守卫战，苏州的9月已经不可能开学了。当年苏州市民四散逃难，或远赴香港，或内地武汉重庆，或上海租界，或南京，或四周乡镇，或乡镇之穹窿山、光福等地，此处毗邻太湖，可以从水路远走。在苏州城内，根本不可能开学了。"二乐"办学时间大概也就一年。

综上所述，二乐女子学术研究社唯一的社址就是萧家巷志恒里，办学时间只一学年，从1936年9月4日到次年7月。

耦园址开始出现在1936年6月的广告上，最后又出现在1937年6月的广告上，成为"二乐"的序曲和终曲，盘门址出现在1936年7月的招生广告上，不过是昙花一现的存在。"二乐女子学术研究社"由于战争的原因，成为杨荫榆教育生涯的绝唱。

寻访"二乐"

　　从书店出来，忽然起意要寻访一下杨荫榆的"二乐"。这本来是早有打算，然而在买书的时候，却完全忘怀了。走出书店大门，灵光一闪，当即决定去看看。

　　二乐女子学术研究社的地址：萧家巷志恒里，我并不陌生。1931 年，住居元宝街的彭国彦在邳县任上被逮，连累元宝街的住宅也被抄家查封，只能重觅住处，后来赁居萧家巷。几年前，我也偶尔路过萧家巷，记得是从干将路边巷口进去，七转八转，走过一个木匠铺的大院，原来还是民间所称的"阴元和堂"，也即过去元和县的"城隍庙"原址，现在只剩一个破旧大殿，然后转来转去，从萧家巷出来，已经是接近长发商厦的临顿路上了。

如果从干将路沿临顿路往北数，第一条横巷是建新巷，第二条是钮家巷，第三条就是萧家巷。这条巷离观前街尾的醋坊桥很近，斜着过一条临顿路就行，属于闹市区里的僻静街巷。上次路过的时候，我不知道里面曾有过一个志恒里，这次去，我依然不知道这里还会有志恒里。进去一打听，嘿，居然没有拆迁，完好无损地存在着。

巷内有人，我听口音，知道一些是外来户，不必开口就走过去，我在一些石库门前张望，这时，一个骑摩托车的五十多岁男性居民带着疑惑的眼光看我，我趁机向他打听，他似乎不屑回答，向我摆头。摆头不是摇头，而是用带着头盔的头向我指示方向：还要往里走。

志恒里居然还在。

走下去要到平江路了，果然看见了志恒里。先是比较长的一排，是那种二层楼的公寓房，上面七间下面七间（也许是八间）。前面有门，后面是一个小院，也有出入的门，就像我们现在住的那种公寓房，只不过现在的不止二层，而它就二层。

走过去又是一排又是一排。中间几排像一个"目"两边砌了高高的墙，外面看仿佛四合院一般，从人家开着的门望进去，只见一般的住户的模样，看不到究竟，再走进去，一幢楼房的侧墙上嵌了块石碑，文字是：冬荣堂曹三房界。据我的理解，冬荣堂是曹家的堂号，桂花冬荣，凌寒而放馨香。这里的房子大抵属于曹家三房所有。至于这个曹家是谁？我颇怀疑就是民国时代苏州的富翁曹志涵之曹家，不过没有细细考证，不敢确定。

志恒里这些房屋，坐北朝南，大概有六幢左右（前四幢长，后两幢短些，大概与地块的形状有关），整齐排列在钮家巷与萧家巷之间。很多人把志恒里的房屋称作钮家巷志恒里，根据民国报纸，则称萧家巷志恒里，此说当接近当时的现实。

这些民国建筑原先是青砖扁砌，不知什么时候，外墙涂上了水泥，民国风味就少了很多。想当年，有自来水、浴缸、抽水马桶，甚至还有场地草皮，这里肯定是民国时期苏州的高档社区，是模仿上海的现代底层公寓建成的。现在已经改造成很狭小的居室，也与民国时期的初期状态完全不同了。当年（1936年秋）杨荫榆是用来做学校教室的，开间肯定大许多。

问里面的住户，自然都不知道曾经有过二乐女子学术研究社，只说有过一个幼儿园，听他们的口气，已经是极悠远的过去了。杨荫榆在他们也是闻所未闻的。过去的人，只活在史料中，或活在某几个人的脑海里，本是极正常的事。

弦歌之声已远，历史悠远的回声不是所有人都接收得到的。走到底，看见一户新暴发户的门楣上镶着随园的额，我确信一定与袁枚的风雅无关，再下去，就是东升里了，这是志恒里的西边，拐个弯从钮家巷出来。

我从钮家巷再次返回，原来东边一个缺口进去，是志恒里的东边一头，这里据说就是过去"二乐"的场地与草皮，现在一概没有了。

我想告诉居民，1937年1月的一个上午，这里发生的一桩偷窃案。想想还是不说，偷盗有什么稀奇？值得你跑来看？

我也不知道为了什么来寻访：为杨荫榆？为那桩偷盗案？为二乐女子学术研究社？为很可能的彭国彦又一个故居？

日光下，我有一种遗世独立的感觉。

杨荫榆是个"外国人"

杨荫榆是个"外国人"。

何出此言？盖从她的行为处事而言。

譬如说，钱锺书和杨绛结婚，这位姑母穿了一身白衣白鞋，出现在婚礼席中，异常触目。这在国外一点没什么，但在三十年代中叶的苏州，就颇有吊丧的意味了。幸亏两人后来婚姻美满，不然，这来自家人的"毒"就结得深了。

杨荫榆在女师大做校长，却不知道尊崇鲁迅等教授（笔者按：从字面上讲，教师要高于教授，现在则相反，教授成了职称和专称，教师称了泛称。其实，教授只是单纯的教和授，教师则尊为师，大不相同）。自己的学问又拿不出来（杨荫榆是有知识而无学问，英文、日文和法文均精通，国学与家政都有基础，但不是学问家，未见她有什么学术著作，当年杨作的骈文被知堂讥为不通），自然为鲁迅等所轻视，平常在学校管理上，使用的是教会女子学校的强制规范来对付大学女生，而一遇学校风潮，又不懂得放低身段，运用手腕安抚和瓦解，与有势力的教授沟通和妥协，只是一味用强，其不被轰下台者几希。

杨荫榆喜欢面折人过，她回到苏州后，在苏初中担任英语教师，受到了来自镇江的教育厅督学的训斥，两人大战一场，这位王骏声督学为了缓和敌对态势，又弄出一个褒扬状，却用错了一个词，赞扬杨荫榆为"鸾凤大贤"，使杨荫榆觉得受到了侮辱，因此与王督学又大闹了一场，形同水火，势不两立。当年的《吴县日报》标题说：王省督学不撤职 杨荫榆不肯甘休。还有副标题是：教厅秘书室喻为鸾凤大贤，杨谓如此褒誉似死囚赐食。不管怎么说，王骏声是好意还是恶意，在杨荫榆看来，这样的错误，是可忍孰不可忍？身为督学，犯这样的错误，就是没有资格再坐这个位置。已经不仅仅是要道歉，还坚决要打掉督学的饭碗才肯罢休。换了别人，有知识的，也许就暗暗一笑，藏起来了事；无知识的，这样的褒扬求之不得，显摆还来不及呢。

杨荫榆并不稀罕人家的褒扬，在她眼里，自己曾是北京女子师范大学的校长，如今虎入平阳，已是不堪回首，哪还要一个督学来随意指责或胡乱赞扬？这件事弄得满城风雨，结果苏初中也不能留她，让她辞职了事。

抗战时期，她又和日本军人讲起了道理，甚至还斥责他们的行径。这在和平时期，面对一些外籍侨民，她这样做或许能不战而屈人之兵，但如果是在一个靠武力征服时代的征服者面前，这叫侵略者情何以堪呢？杨荫榆的行为，固然有点个人英雄主义的成分，但也免不了失言之讥。古人云：不能言而与之言，是为失言。她的失言就大了，与豺狼讲道理，其能不被豺狼所噬乎？我们中国有一个羊和狼的寓言故事，杨荫榆就是那头凿凿有据、振振有词、有理有节的羊。除了失言，她还自蹈危地，从后人看来，未免有些不智，我们可以敬佩她的勇气，却不能赞扬她的行为，虽然她因此献出了自己的生命。

杨荫榆的故事还有很多，她的侄女杨绛先生就讲过很多，总之，有些不近人情。不近的是中国的人情，可是人生在中国，不近中国的人情，不会免费提供一个西方的社会让你融合。

　　杨绛先生《回忆我的姑母》已经写尽了一个不谐于世的长辈的一生，我更愿意让杨荫榆生活在别处，如国外，或许她的一生会快乐些，结局会完满些。

杨荫榆的三个"特写"

杨荫榆的一生，有三处可以"特写"。

首先就是女师大任校长时，在鲁迅笔下，刘百昭带领一群三河县老妈子突袭女师大学生。当时，杨荫榆并没露面，冲在前面的是刘百昭司长。在杨荫榆看来，女学生是要教训的，如果她们在学校里闹事的话，至少，她们在几个教授的暗中挑动下，没有把自己这个校长放在眼里，是难以忍受的。

在当时，学潮很频繁，有领袖欲的学生总想找个机会显示自己的不凡，满足自己的虚荣，校长与教授也不是革命还是守旧这样两分，背后还是人事的纠纷，杨荫榆的偏执不善变通，造成了鲁迅等教授的不满，结怨在先。当学潮借机而起，杨荫榆处理学潮的身段相当直截：强拖硬拽，于是，学生和某些教授结盟了，这件事也就演变成绍兴籍和无锡籍教授间的一次利益冲突。在北大，因为蔡元培的所谓兼收并蓄并不彻底，绍兴籍教授（浙派）还是占据主要地位，有利益的地方，就有人事的纠纷，徽派和苏派早有不满，于是，借着女师大的风潮，杨荫榆的处置失当，爆发了出来，因此，女师大事件究其根本，还是北大的帮派之争。杨荫榆一不小心做了帮派之争的导火索，进而成了帮派之争的牺牲品。

此前，杨荫榆在苏州还受过一个挫折，这是她职业生涯的第一个警告。1913 年夏，杨荫榆从日本留学归国，在苏州受聘于省立第二女子师范学校，任教务主任和生物解剖教师。然而不过一年，女师校长杨达权就"因为学校经费拮据，裁减教务主任一人"。很明显，经费拮据不过是美丽的借口，目的就是要赶走杨荫榆。杨达权与杨荫榆，都曾是上海务本女校的学生，凭此渊源，才聘请杨荫榆做自己的副手，孰料不过一年，就把杨荫榆撵走，据说杨达权受不了杨荫榆的个性倔强，办事刻板。杨达权的翻脸无情，却促成了杨荫榆离开苏州，到了北京，并且最终赴美深造，她在 1922 年获哥伦比亚大学教育学硕士学位。

其次，一身白衣白裙的杨荫榆出现于杨绛的大婚典礼，杨绛对此印象相当深刻。这在中国风俗上是很不吉利喜庆的插曲，然而，现在看来，这身白衣白裙对杨绛的生活并没什么影响，倒是杨荫榆有了一个悲剧的收场。白衣白裙参加自己侄女的婚礼，在国外很正常，风气闭塞的苏州，就显得相当触目。不仅会被旁人议论，也会引起办喜事双方的不快。杨荫榆此举是见不及此的偶然疏失，还是有意为之，现在难以考证。

杨荫榆既留学日本东京女子高等师范学校，又留学美国哥伦比亚大学，都是成绩优异，屡获学校奖励，可见，像杨荫榆这样性格的人，在日本、在美国，都能活得很好。为什么到了祖国，她反倒变成了一个不尴不尬的人了呢？当然，作为学生，校园生活比较单纯，社会关系单一，一旦进入职业生涯，面对整个复杂的社会，复杂的人际关系，杨荫榆就捉襟见肘、顾此失彼了。不过，祖国和国外确实存在一种难以调和的差距，这也是不容否认的事实。这真是一个值得思考的问题。

第三个"特写"，就是吴门桥上的枪声了。1938 年 1

月 1 日，据目击者回忆，先是中枪倒地，然后推堕护城河中，再连开数枪。如果用香艳一点的说法，就是香销玉殒，但于杨荫榆是不敬，她死在日本侵略者的枪下，是侵略的受害者。抗战胜利后，1946 年 11 月 16 日，苏女师为她开过一个追悼会，由当时的校长俞钰主持。会后，奠仪收入四百万元，还曾设立了一个杨荫榆奖学金。不过，至今未听到有谁获得过这个奖学金，因为，这四百万元，到第二年要用的时候，恐怕已经显得太过微薄了，到第三年的话，它已经一钱不值了。这固然是时代的悲哀，却因为以杨荫榆命名的缘故，使这个名字也蒙上了无奈。

杨荫榆的偏执

写杨荫榆最详细的当数其侄女杨绛，知杨荫榆最清楚的同样当数其侄女杨绛，这是毫无疑问的事。杨绛集小说家、学者、散文家于一身，以这三"家"的笔法来记自己的姑母，当然相当权威，现在很多写杨荫榆的文章，绝大多数是从杨绛这篇长文生发而成，并无别的发明。关于杨荫榆的经历，有两点可以说是她一生的光点：一个是出任女师大校长，这是国立大学的校长，身份不凡，但黯然下台，并因为鲁迅的缘故，被钉在反面角色的位置上很长，究其实，杨和鲁，不过是此亦一是非，彼亦一是非，究竟孰是孰非真是难说得很。在一个需要谐和的社会里，绝对不会鼓励学生在学校引起风潮的，所以如果杨荫榆处在现在的局面下，一定是一个坚定不移维稳的好校长，然而很不幸，她做了二十世纪二十年代的女师大的校长，手下还有鲁迅这样有点"反骨"的教授，于是弄得身败名裂，沦落不堪；另一个是抗战中她在苏州吴门桥上被日本侵略军枪击，落水而死。以一种横死的不幸，画上了一个中国知识女性不平凡的人生句号。

这是大家熟知的故事，不是我在这篇小文里要说的。我这里要说的，是杨荫榆的偏执。她性格中的偏执，杨绛的大文中也曾隐约说到，只是没有详细谈论，颇有点隐恶扬善的味道，照说，这件事杨绛即使不是亲见，也必曾经耳闻，她不写出来，那么就由我来说一点。杨荫榆在这件事上表现出来的偏执，简直有点登峰造极的味道，这里不是指事情影响深远和广大，而是说仅仅一件小事，由于杨荫榆的偏执，坚持推车撞壁而弄到了极致，毫无回旋的余地。

事情发生在 1935 年 8 月，从北京黯然回苏州的杨荫榆，放下自己的架子，担任了苏初中的英文教师。这时，省教育厅有一位王骏声督学，他来苏州巡视之后，对杨荫榆的教学提出质疑并加以训斥，两人大打笔墨官司。王督学意图转圜，却又由于教厅秘书室发的文件错用了词，本来是向杨荫榆示好，杨荫榆看后反而勃然大怒，当时的《吴县日报》刊出了这样的标题：

王省督学不撤职杨荫榆不肯甘休

教厅秘书室喻为鸾凤大贤

杨谓如此褒誉似死囚赐食

杨荫榆是很早就离婚，独身生活的女性，看到这样莫名其妙的褒誉，觉得简直是对她人身的侮辱，不禁怒火中烧，连向教厅发了四封信，说这样谬误百出、荒诞不经的人怎么可以做省督学，她必使王督学撤职查办才甘休。

然而，时任教育厅长的周佛海却不这么看。他觉得这不过是无心的差错，不值得如此小题大做，面对杨荫榆的愤怒，采取的只是一味抚慰，他叫省教厅秘书室覆函，对"王督学谬误事，仍未解释，仅对榆褒誉有加，并历叙榆之学历经验及办学成规（原文如此，疑当为成绩），以致其仰慕之意，且云，王对榆之学问资格，并未加以訾议，又云苏人士语及荫榆曩日办学之成规，靡不深加钦仰云云"。这是杨荫榆在致省教厅的第五封信中所述教厅秘书室覆函的内容。在杨荫榆看来，她的学历经验及办学成绩，有目共睹，没有必要一再重复褒誉，这是避重就轻，意在放过王骏声。她要求的答复是如何处理这位不学的王督学，而不是来听教厅表扬她。

在杨荫榆的第五封致教厅的信中，她还不忘几年前在北师大所受的屈辱，说了这么一句："榆以前办学状况，凡知识阶级正人君子类皆知之……"看得出，她对鲁迅赐给她与陈西滢等的"正人君子"帽子，仍有些放不下，盖心目中犹有鲁迅"学匪"的阴影也。杨荫榆的信分析详密，步步进逼，有不达目的决不罢休的决心："考督学之职务，系视察中小学而尽其指导改进之责，教师之进退，系校长之职责，督学可以贡献意见，以供校长参考，报告厅长，俾厅长得悉学校状况，如此而已。……王督学于其分内职务，未能胜任，而于荐举私人于其所视察之学校，却极热心，实太不避嫌疑矣。"看来，杨荫榆的第五封信已经不仅是指责督学的不学，还对该督学提出了别的指责。

由于报纸模糊不清，且目前未找到下文，只知道杨荫榆为此而丢了苏初中英文教师的教职。

就这件事来看，杨荫榆表现得相当执着，为人比较正直，完全是一副书呆子的模样，而对于王督学的一个失误，这么咬住不放，又显得很是偏执，实在不能适应她所处的这个时代，她坎坷的一生，不免使人又生性格即命运之叹。

虽然在我看来，性格即命运的说法，不过是世人极浅陋的观察，但用在杨荫榆身上也算切合。

《听杨绛谈往事》外的苏州往事

　　吴学昭的《听杨绛谈往事》，实际上就是杨绛先生的口述实录，她的一本传记，书中记载了杨绛先生所谈她生命中的重要往事。我拜读之后，所得甚多，然也有不足之处，那就是我知道的杨绛故事，书中居然没有或语焉不详，这当然与杨绛先生的记忆和对往事的轻重判断有关，原算不得传主和著者的不足，然而作为一个掌故家，却未免心痒手动，要来费点唇舌，以为杨绛在苏州这段经历的一点补充。下面分三个方面来说。

一、杨绛在东吴大学的室友

吴学昭的《听杨绛谈往事》说到杨绛在东吴大学的室友，主要提到了她大一和大四时的情况。其中大一时的室友，见第 53 页："阿季第一年住在楼上朝南的大房间里，阳光充沛，明亮宽敞。同房间的，沈淑外，有某巨公的未婚儿媳 xx 和她的女友。还有一个镇江人，名葛楚华……"很清楚，杨绛大一时的宿舍是大房间，住五个女生：杨绛、沈淑、葛楚华、xx 和女友。

杨绛在东吴大学第四年的室友，吴学昭《听杨绛谈往事》第 67 页谈到东吴风潮时说到：

> 1931 年秋冬，阿季已升入大学四年级。学期将终，临近大考，学生罢考，闹风潮，要求政府接管东吴，改教会大学为国立大学。学生，由几个先进分子领导，不许上课；不许上图书馆读书；不准离校；天天排队军操，学校内外有人巡逻，他们把电话线都剪断了，隔绝校内外的联系。

阿季母校振华校长王季玉先生知道东吴的情况，就打电话通知阿季的妈妈，让她接阿季回家。阿季的妈妈就乘黄包车到东吴女生宿舍，上楼去找阿季。当时她和周芬两人同住一室。

随后，杨绛让母亲把自己和同室的周芬两人的学习用品带回了家，她又和周芬乘下午四点时假装吃点心偷偷走了人，再让家里的门房把自己和周芬的箱子和铺盖领回来家。就这样，杨绛和周芬在东吴大学的风潮中金蝉脱壳，做了"逃兵"。

杨绛这么顺利离开了旋涡中的东吴大学真是幸运，或许得益于见机早，走在前头了。

当年东吴大学，要想逃出来的学生不在少数，但成功的并不多。譬如有一个爱摄影的大三学生杨士芳，为了掩护一位张姓女学生离校（未成），杨士芳还被学生自己组成的法庭进行了开庭审判。毕竟是东吴大学，它的法科毕业生占当年中国法律界大半江山，未毕业的学生为了维护他们的罢学罢考措施，对杨士芳进行了审判。审判长就是冒鹤亭家的冒景琦。最后，杨士芳被学生组成的法庭判处驱逐出校。还有人是走了，铺盖来不及携出的，学生会曾有提议：如有违反纪律，擅自潜逃离校者，应将其行李扣留拍卖，悉以充作经费。不过，这个提议后来并没机会实行。

1932 年 1 月 27 日，《大光明》有《东吴女生铺盖搬出搬进》一文，文中说："日前（23 日）女生郁亚英家长，私赴该校搬取行李。为学生所阻。事已散见各报，不赘。"这篇短文还特别提到了郁亚芬的同室："惟周芬、李露忆女士等，与郁同一宿舍。"看来周芬除和杨绛同室外，还和郁亚芬和李露忆也是同室。

《听杨绛谈往事》一书中提到有一个同室是爱吃零食的阔小姐，第 61 页说："与她们同房间的有一位阔小姐，上海某保险公司老板的女儿，爱吃零食，每天她吃零食时，阿季和周芬就躲出去，免得大家不便。"

这样联系起来，杨绛大四时的同室基本可以确定，除了周芬外，尚有郁亚芬和李露忆。而郁亚芬是苏州人，则上海某保险公司老板的那位爱吃零食的女儿，一定就是李露忆了。

为什么报纸上"惟周芬、李露忆等"偏不提杨绛呢？

我的判断是与大律师杨荫杭有关。不是报社记者敬他，就是报社记者忌他，所以避免提到他的女儿吧。

二、杨绛与周芬

《听杨绛谈往事》说，杨绛和周芬是就读东吴大学时的一对好朋友。书中叙两人的故事很多，1931年深秋，两人不参加抗日游行和赴京请愿，逃回家里，现在看来颇像壮举，当年大概不敢拿出来说，盖亦如《青春之歌》中之余永泽也。此一时彼一时，过去是革命得分，如今是张中行与杨绛学问占优了。

看《东吴高材生》一章，总觉得杨绛应该在苏州的报纸中占有一席之地，这两天细看以苏州市井新闻著名的《大光明》，始知大谬而不然。杨绛（或杨季康）压根儿就没被关注过一次，与此相反，杨绛的同室好朋友周芬却数见而不一见，甚至可以说在报上出现的频率很高。

究其原因，我的分析是杨绛当年在东吴并不引人注目，也许本身低调，也许压根就不很出色。吴著中曾说：

"相形之下，周芬和阿季等1928级女士就十分保守了。"这是相对吕宋小姐而言的，但问题是周芬固然保守，报纸上还是消息很多，何以杨绛和周芬形影不离的好朋友，偏偏就乏人关注呢？说杨绛不很出色吧，看来也不准确，吴著记杨绛在东吴的成绩曾是全校三个"纯一等"中的一个，还能演戏唱昆曲吹箫弹月琴。如果所述是确实的话，杨绛之不被记者关注，想来另有原因：譬如出身大律师庙堂巷杨家，是杨荫杭的女儿。是否小报记者因此不敢冒犯？这样想也有问题，周芬的父亲曾是杨荫杭北洋时期京城检察院的同僚和下级，何以周芬就有人写呢？难道周芬之父可以冒犯，杨绛之父就不敢？再说，报纸上记载，并非全出于恶意，很多都是正面的记载，如果写到杨绛，杨荫杭不至于为这个和报社及记者计较吧。于是，杨绛之不见于当年苏州的报纸，真是一个百思不解的事情。

吴著写周芬，有这样的话："周芬来自苏女中，是一位朴素文静、非常用功的优秀生，曾获苏州全市演讲第一名。周芬身材高挑，阿季长得小巧，两人一高一矮同出同进，谈天说地，很投缘。"如果真像这里所说，那么《大光明》有一篇报道，很可能已经无限接近了杨绛。这篇报道主要也是写的周芬，题目是《周芬女士相定终身》，其中说到："上星期六，记者过玄妙观牛角浜，见东吴大学生篮球健将周芬女士，乃亦偕女友三数，顾某术士相定终身。闻术士谓：周面团团，气色颇佳，主吉星莅止。周闻之，频频点首。周之同伴，闻术士语，皆掩口葫芦。周乃赧然。术士时正拟谈及其他，而周已探怀出相金，俯首离座，促其同伴他去，徜徉于观前道上矣。"这里所谓"吉星"，大概是指红鸾星，作者故意不写明，但以周芬闻而赧然，女伴闻而掩口，当不致河汉。该文作者骨人，多记东吴大学新闻，曾被东吴大学校长杨永清下令彻查，其所述当不假。这里周芬的三数女伴，纷纷掩口葫芦者，里边会不会就有杨绛在呢？

1931 年秋，江南四大学：东吴、沪江、金陵和之江曾有辩论会，东吴派出的选手中，除东吴皇后吴霭青外，就有吕宋小姐刘煦芬和周芬女士，还提到周芬"前届全省中学辩论会获得首席"。这个说法与吴著中略有不同，吴著是说"全市演讲第一名"，这里则是全省，规格大多了。记得杨绛也曾在振华得过演讲第一名，而此辩论会不与焉。

这年秋的东吴大学，1928届自治会分两个阵营，学医的周芬属文治派，朱雯则是新文艺派，周芬作为自治会会计，朱雯的新文艺派对之大加攻击，而周芬乃辞职。这是当年东吴学潮停课之前的事。

　　周芬与杨绛未等毕业就北上，后来周芬入了燕京，杨绛则进了清华。

《申报》中的杨绛

近日翻看《申报》，即过去大家嘴里讲的申报纸是也。报纸中颇多杨绛先生及其家人的新闻，爰为择要辑出，以公同好云。

一、杨绛在启明女校的成绩

启明女校在上海天钥桥南圣母院内，由徐家汇天主教设立，以专收教外女子授以普通知识及高尚学术为宗旨，属于小学到中学程度。

杨绛在《我在启明上学》一文中说："我爸爸向来认

为启明教学好，管束严，能为学生打好中文、外文基础，所以我的二姑妈、堂姐、大姐、二姐都是爸爸送往启明上学的。一九二〇年二月间，还在寒假期内，我大姐早已毕业，在教书了。我大姐大我十二岁，三姐大我五岁。（大我八岁的二姐是三年前在启明上学时期得病去世的。）"

杨绛入校在 1920 年，三年后的 1922 年 6 月毕业，在校三年。在此之前，她的两位姐姐杨寿康、杨闰康也就读此校。杨绛入学时，是跟着两位姐姐一起去的，分别是大姐和三姐。

吴学昭的《听杨绛谈往事》说杨寿康是"天主教会的大才女"，还是"启明女校的优秀毕业生。大姐姐毕业时中文第一名，法文也是第一名"，于是，法国公使就奖赏了她"一块椭圆形的浪琴牌小金表"。

这件事，《申报》上也略有记载。

1915 年 7 月 9 日，《申报》之《启明女校之毕业式》一文，提到在 7 月 7 日的毕业式上，杨寿康是在图画预科毕业。

另，1919 年 12 月 5 日，《申报》之《启明女校游艺会志盛》中，提到杨寿康、蔡文媛、刘龙生三女生的钢琴合奏。这一年，杨寿康以法文中级最优毕业。

杨绛的三姐杨闰康，杨绛回忆早先一直在无锡家乡，后来和她一起在启明读书。《申报》之启明女校新闻中也有她的名字，在 1922 年 6 月 18 日《启明与沪江两校毕业礼记》中，杨闰康在"勤准上课，得到特别奖励"的名单中，可见其成绩并不出色，而是一个循规蹈矩的学生。

杨闰康在 1927 年 5 月结婚，她的夫君是何德奎，她的婚礼事，《申报》上也有报道：

婚礼志：上海光华大学商科主任何德奎君与杨闰康女士定于本月十六日在苏州胥门内庙堂巷六十五号行结婚礼。请张仲仁君证婚。何君字中流，初毕业于北京大学，民国六年以第一名官费生赴美留学，毕业于威斯康辛及哈佛大学，得有商科硕士学位，并曾任太平洋会议中国留美学生代表。现除任光华商科主任外，并兼任大同大学教授，杨女士为前北京高等检察厅厅长杨荫杭君之女公子，上海启明女学及苏州振华女学高材生，才华既富，貌尤秀丽云。

启明女校的成绩，分最优、优等和次优等等，在《申报》上，多少得以反映，再下面则不提了。杨绛在启明最后一年的成绩，《申报》上海版也有报道，1922年6月18日，《启明与沪江两校毕业礼记》中这么说：

> ……其毕业生名单如下：（笔者按：下分甲乙丙，杨绛列丙项）（丙）国民科：罗金铃、丁联珠以上最优等；郁柔宝、徐文选、秦莲宝、陈琴芳、王彩娟、杨季康、沈佩亚、钱凤英以上优等；陈素娟、吴福英、张秀娥……以上次优等。

可见，当年杨绛读的是国民科，以优等毕业，这些名字，都是杨绛启明的同学。

二、杨绛的肤色

吴学昭的《听杨绛谈往事》说到杨绛肤色白皙：阿季天生的脸色姣好，皮肤白是白，红是红，双颊白里透红，嘴唇像点了唇膏似的鲜亮。

除了杨绛自己，对于皮肤，最有发言权的大概是她的丈夫钱锺书了。他赠夫人的七绝十章里，就有这样的句子：缅眼容光忆见初，蔷薇新瓣浸醍醐；不知靧洗儿时面，曾取红花和雪无？

这诗四句，说的就是一个意思：皮肤白里透红，容光缅眼，就如红花和白雪，醍醐浸蔷薇。看来钱锺书对杨绛一见钟情，与她的白皙肤色不无关系。

杨绛的白皙，居然还被记者关注到，写进报道，载入《申报》。

1930 年 5 月 11 日，《申报》上海版第 11 页，有一篇苏州女子运动会的报道，其中一节是《会场花絮》：

　　肉腿比赛分黑白：开幕之前，举行运动员与职员总摄影。东吴、成烈女生完全裸跣及袴，其前日之穿灯笼裤，已略改前态。摄影时，并坐场地，酷似一肉腿比赛会。其间以东吴杨季康之腿最白，成烈陈临珠之腿最黑。盖前日预赛时，一斛斗划口未愈也。

东吴是东吴大学，成烈是成烈体育学校的简称，都在苏州。

这则报道，虽不无轻薄之嫌，但也不可苛责，因为是花絮，自然不免琐屑且为了调节气氛也。

三十年代初，女性很少露臂露腿，要在大庭广众看光臂裸腿，只有运动会了。因此，也怪不得记者不放过这样的时机，顺便涉笔成趣了。这记者居然叫得出学生的名字，可见杨绛当年在苏州城仕女中有点名头，颇受关注。

杨绛在东吴大学，还有一次捐助东北义军，被《申报》报道，见 1932 年 10 月 10 日《申报》上海版《捐助东北义军昨讯》，杨季康捐洋五元。据报道所载，东吴大学学生捐助大略有这么几等：十元、五元、三元、一元，则五元算家庭经济中上者。

三、杨绛主持振华上海分校的时期

抗战中，苏州振华女校的东山分校和同里分校被迫停办，王季玉把学校开到上海，成立振华上海分校，找到杨绛，要求杨绛代她主持。这段历史，吴学昭的《听杨绛谈往事》中记录甚详，后来租定赫德路振粹小学的校舍办学，具体日期却未说。

据《申报》上海版 1939 年 6 月 23 日《学校汇讯》：

> 苏州振华女中、私立苏州振华女子中学人才辈出，自苏州沦陷后，该校即行停办，现定于暑后在沪复课，租爱文义路赫德路口大厦为校址，即日起开始旧生登记，并招收新生。一切教导事宜，仍照成规办理，除原有教职员外，并添聘最近自英国留学回国之文学家杨季康女士主持一切。

当时日人还未帮助大道市政府收回租界，所以租界尚安全。《申报》也挂在美商名下，还不是陈彬和的新《申报》，所以有"苏州沦陷"字样。

四、杨必在工部局女中毕业

杨必是杨绛的八妹，从小聪颖，才华横溢，我曾写过杨必在苏州小学过儿童节的文章，她后来翻译的萨克雷的《名利场》，在译界的评价也极高。

这里顺便说说杨必在工部局女中毕业事。《申报》上海版 1941 年 6 月 27 日《各校行毕业礼》一文中提到杨必毕业：

工部局女中　工部局女子中学于昨晨行毕业礼。局董明思德博士主席，校长杨瑜灵报告，赫斯德夫人给凭。黄安素牧师训词，讲合作精神，毕业生杨必别辞。本届高中毕业生姓名如下：丁兆梅、王花南、吴学淑、李幼英、李雅珍、周德华、陶潮、彭斐、程佳因、杨必、杨琇娟、华嘉增、管亨贞、骆凤鸣、邓爱德、鲍纪英、韩素侯、苏读慧。

杨必代表毕业生致别辞，可见在学校相当突出。这里的吴学淑即吴宓之大女儿，与杨必有同窗之谊。

祝杨绛先生百岁

——《振华校友》卅周年纪念特刊中的杨绛

杨绛先生一百岁了，人生百年，既值得贺，又值得哀，大家贺已经贺过，不妨让我来说说哀的一面。同时代的人已经零落殆尽，沧桑满目，一个犹如鲁殿灵光般岿然独存的人，总未免有着被时代遗忘的感觉，不过，回到七十多年前的1937年，杨绛的同学和师长，却正在热烈地谈论已经离校数年的杨绛，这里有王季玉校长和被称为"月季夫人"的蒋恩钿。杨季康是振华十七级学生，具体说来，是中学第七届，新学制第二届的学生。据《振华校友》的"校友通讯录"载：

杨季康　苏州庙堂巷六十号转　苏州东吴大学文

学士上海工部局小学级任教员

　　她 在 留 学 英 国 的 通 信 处:Mre. Chi-Kang Y.
Chien Howth 16, Norham Gondene Oxford, England

　　1937 年，杨绛已经随着钱锺书留学英伦两年了，钱
锺书已经拿到副博士学位，准备到法国去"取经"，而杨
绛的孩子也即将出生了。

　　《振华校友》的第六、七合刊，乃是振华女校卅周年
的纪念特刊，由苏州振华女学校校友会编辑出版，出版于
1937 年 4 月，也是《振华校友》抗战前出版的最后一期。
作为纪念特刊，就有着对振华三十周年办学的一个全面回
顾，因此里面就有十七级的杨季康。

　　这是一本非卖品，用于赠予振华女校的历届毕业生。
振华女校的学生毕业后，就是振华的当然校友，因此，只
要是 1937 年前振华的毕业生，这里都能够找到。在这本
刊物中，校长王季玉给同学们写了一封信，信中报告了振
华毕业生的情况，其中有专门一节，讲国外校友，谈到了
在英国学习的杨季康：

杨季康在英国曾有信来，此信虽已甚久，但我想诸君或者仍喜一观。今将此信附后。昨日其妹杨棨来校，谈及季康不日将随钱先生至法国研究，且不日将做母亲。今尚能从事研究，如此好学，甚不容易。

　　"如此好学，甚不容易"，是王季玉校长的欣喜之语。作为女校的校长，培养出的学生，免不了为人妻，为人母，一旦出嫁，好学，确实值得欣喜，值得赞扬了。

　　杨绛给王季玉的信附在后面，这封信原是王季玉校长来函的复信，主要回答校长在信中提出的她关心的问题，乃是关于英国的教育现状。今抄录如下：

　　生来英后，于英法及吾国文学，致力甚勤，无一日间。自恨从前浮光掠影，未能探本穷源，冀于此三数年间，埋头炳烛，倘小子可造，庶几不负师门属望之殷也。二年后拟赴法国，小作研究；暂时计划如此，未知得如愿以偿否？

　　来示所讯各节，自惭门外汉，道听途说，一知半解，无以上益□高明。牛津顽固陈旧，依老卖老，教育乃新兴科学，不足挂齿，初无专门。（剑桥尚有"教师训练班"Training of school masters）Bodleian 图书馆，虽备有各种流行杂志，而以为通俗刊物，非高文典册之比，束置地室（Basement）不能公开浏览。伦敦《泰晤士报》每周有《教育副刊》（*Education Supplement*）迎合潮流；校中如已定阅此报，可供翻检，毋待他求。又有《教育杂志》（*Journal of Education*）注重学理，较为专门。生于此道，素未究心，所言必多不尽不实处，奈何奈何！英国学制，亦颇复杂，吾国步趋北美，更多格閡。大致初等学校，分教会与非教会两种（Denominational and Undenominational），皆强迫教育，不取学费，公家设立，分七班（Standards）。中等教育，名目繁多，有 Grammar School, County School, Municipal School 种种，皆公立。又有所谓 Public School 者，反非公立，较贵族化；相传人才多产此中。商务印书馆前出版一译本小说，曰《拉哥比在校记》（原名 *Tom Browr at school*, 译名颇欠斟酌。）拉哥比者，即英国有名 Public Schools 之一也。中等学校，凡分

212

六班（Forms）。英伦三岛大学，数凡十八，制度各异，未遑殚述。若职业教育，则有所谓 Technical College，生亦不甚了了。闻有《女子教育年报》（*Girls School Year Book*）记载详尽。山海之藏，取资不竭；师若得此书，诸问题迎刃自解。……

杨季康　廿五年三月

信未完全，主要分两部分，一述自己生活，一回答王季玉校长的问题。杨绛在信中显得非常恭敬，看得出她对校长的爱戴，不但自称"生"，且凡提到王季玉校长——师，都空一格，以示敬意。第一次提到时，甚至换行顶格（见上），是相当高的规格了。

在该期刊物中，有蒋恩钿的一篇《振华忆旧》，她在《振华校友》中属于第十八级学生，但她当年又是以特别生资格招入振华的，譬如蒋恩钿的国文是读高一，算学则是初三，英语是初二，她在文章第三节怀念振华旧友时，只写到了两个人，主要说了杨季康，还有一个是绮芸（笔者按：绮芸毕业后留振华校工作）。写杨季康的两节，乃是杨绛振华生活的真实写照，全录如下：

我已经说过，因为我是一个特别生的原故，和许多同学都有过同班之谊，相熟的人也就比较多了。想起那些熟识的脸，我真愿时光倒流到十年前！让我在此世间，第一次识得深厚的友谊的是季康。我可以一点不含糊地记起，我们怎么认识起来，我们曾说过怎样痴呆的话。虽然那时振华的校舍，那样湫隘，那样少有赏心悦目的地方，然而它留给我们的是多少难于忘怀的回忆！那"豆腐干"大的操场上，我们踏着月，数着星星，多少痴话在嘴里流出。我们的心像云那样轻飘，我们的幻想，比五月的黄昏还绮丽。星辰偷换着，我们躲在振华的怀里度着欢欣不变的日月！

　　那时学校特允我课余可到校外散步。我同季康几人，常爱到天赐庄一带。特别是天赐庄的大河滩上，常有我们的足迹。几人一坐下，看水面来去的船，看隔岸的苇草，看闲飞的白鸽，看城墙上吐出的云霞，太阳已在西下了，我们再在说些诉不完，听不厌的梦话。等候着天上第一颗星从水底出现，这才一路迎着黄昏，走进满街灯火深处，回到学校。

杨绛的振华生活，详细地纪录在吴学昭的《听杨绛谈往事》一书中，如果读过该书，会知道我这里所录，都是杨绛记忆之外的故事了，大家不妨作为该书的一种补充。

杨绛谈收脚印

《听杨绛谈往事》第 332 页，谈到收脚印的事：

> 我问杨先生访问法国、英国，可曾旧地重游到旧居去看看，或写下游记？杨先生笑说："重返巴黎、伦敦，每天忙得要命，回家还要总结，不愿学别人的样做什么文章。锺书忌讳我去'收脚印'，我告诉他，旧地未得重游，没找到，只坐在汽车里远远望望而已。锺书赞我知他忌讳而旧地未到，无由'收脚印'。"

在我们江南，有一种说法是，在人死之前都会重新去走走以前走过的路，这就叫收脚印。上面说得不错，杨绛到英国、法国，故意不去看旧居和旧游之地，乃是因为钱锺书忌讳这个，生怕一一重访旧游之地，就像收脚印一般，检视昔日人生的历程，以向尘世作个告别。易言之，就是暗示说死亡将要临头了。

收脚印，又名收脚迹，是一种行为，一个过程，当时或许看不出什么，事后，那人死了，旁人回想，才明白此前的重游，乃是该人在"收脚迹"。因此，收脚迹具备三个特征：首先必须是一个人生前的行为，其次，必须是在其人死后，由旁人认定的。还有第三点：重游之举必须与死亡相隔的时间相当近。毛泽东重上井冈山，是六十年代的事，死亡则在 1976 年，那么他的井冈山之行，就不是收脚印。周佛海在四十年代重游了很多旧游之地，日本、武汉、北京等等，写成《往矣集》，与他的死相距几年时间，这也不能算是收脚印。苏州的朱梁任，有一天忽然去看了旧时读书的地方，不几天，他就在乘轮船去甪直参加保圣寺罗汉揭幕活动的路上，父子双双溺水而死。于是，当年的报纸上，就有人指出前几天朱梁任是去"收脚迹"的。

《听杨绛谈往事》对收脚印作了注："《收脚印》是杨绛在清华大学读书时的一篇习作，写人死后魂灵儿去各处收回自己生前的脚印。"这个解释有点奇怪，把收脚印这个行为解作死人要做的事，似乎死人不是忙着去天堂或地狱报到，倒是飘飘忽忽先"重走一回长征路"，泯灭自己在人世的痕迹，更是要紧。只是，死人收脚印，曾告诉谁来？

如果只是死人才收脚印，钱锺书又忌讳什么呢？不见得钱锺书会把杨绛重游旧地，看作是一个死人在收脚印？因此，我怀疑这个注很成问题，不注还清楚，一注反而使人糊涂了。

杨绛确实在1933年写过一篇《收脚印》，刊在当年《大公报·文艺副刊》上。收入文集时，杨绛在文后加了个附记："这是我在朱自清先生班上的第一篇课卷，承朱先生称许，送给《大公报·文艺副刊》，成为我第一篇发表的写作。留志感念。"此文还是真正意义上杨绛的处女作。

这篇文章一开始就说："听说人死了，魂灵儿得把生前的脚印，都给收回去。为了这句话，不知流过多少冷汗。"整篇文章倒都是说的魂灵收脚印的事，只是后来她自己去英国、法国，并非魂灵之行，所以，两者不是一回事，我甚至怀疑杨绛1933年对"收脚印"这个民间迷信的理解完全是错误的，毕竟才二十出头的年纪，懂得不多，而与吴学昭谈话中理解的"收脚印"才是正确的，与钱锺书的忌讳之原因也恰切合：生怕妻子去看了旧游之地，会发生什么意外和不幸。

收脚印，说到底，是与活人有关的，因为没有一个死人会告诉大家他也必须先收了脚印，才可以到阎王处报到。

当将死未死之际，人如果怀恋旧游之地，死后往往就会被人认为他"收脚印"去了，这大概只是江南人的迷信，因为很多人没有这种禁忌，照例喜欢写写重游、重访的文章，写后依然活得好好的。

杨必的故事

4 月 4 日是民国的儿童节。

1934 年 4 月 4 日,《苏州明报》办了个儿童节特刊,有整整两大版是苏州优良儿童的介绍,足有二十多人,每个人都是一张照片加一小段介绍,我一个个端详过来,先看并不很清晰的照片,再看每个人的名字,忽然就想起《世说新语》中孔融(字文举)和大中大夫陈韪的一段对话:

韪曰:"小时了了,大未必佳。"

文举曰:"想君小时,必当了了。"

原来看了很多,居然没有找到一个熟悉的名字,觉得陈韪的话或许有点道理。耐着性子翻过来再看,猛然就看见报纸右上角有一个熟悉的名字：杨必。

杨必是杨绛的妹妹，杨荫杭的第八个孩子。杨绛在《记杨必》一文开头说：

> 杨必是我的小妹妹，小我十一岁。她行八。我父亲像一般研究古音韵学的人，爱用古字。杨必命名"必"，因为"必"是"八"的古音：家里就称阿必。她小时候，和我年龄差距很大。她渐渐长大，就和我一般儿大。后来竟颠倒了长幼，阿必抢先做了古人。她是一九六八年睡梦里去世的，至今已二十二年了。
>
> 杨必一九二二年生在上海。不久我家搬到苏州。她的童年全是在苏州度过的。

杨绛在文中记录了杨必小时候很多趣事，对于杨必在苏州的小学生活却说得不多。譬如讲她演戏：

> 阿必在小学演《小小画家》的主角，妈妈和二姑母以家长身份去看孩子演剧。阿必个时剪"童化"头，演戏化装，头发往后掠，面貌宛如二姐。妈妈抬头一

见，泪如雨下。二姑母回家笑我妈妈真傻，看女儿演个戏都心疼得"眼泪嗒嗒滴"（无锡土话）。她哪里能体会妈妈的心呢。

除此之外，就没有什么了。

杨绛与杨必相差十一岁，1935年，杨绛和钱锺书结婚出国，杨必也不过十三岁。杨必是在苏州读完初中，才到上海工部局女中上高中的。杨绛写《记杨必》时，很可能已经忘记了杨必还是苏州的优良儿童。

1934年4月4日，苏女师附小优良儿童杨必的介绍是这样的：

　　杨必，年十二岁，江苏无锡人。六岁入本校幼稚园，后来因为距离住的地方太远，便转学到城西小学。隔了二年，再入本校。现在是六年级上期。在一级中，她的年纪最小，但是无论哪一种功课，成绩都很优异，而且聪颖异常，过目不忘。去年全校举行作文竞赛，获得冠军。先生、同学没有一个不称赞她的好学。杨君不特品学俱优，而且擅长演说，更富于办事能力，因此，本学期便由全校公举她为小仓市市长。

杨家住在庙堂巷，苏女师则在侍其巷，今立达学校附近，附小在离女师不远的今教育学院附小，吉庆街小仓口这个地方。目前看来距离不远，不过对于一个幼稚园孩子，当然不能以我们现在的眼光来估量，因此有离住的地方太远的说法。据杨绛说："阿必在家人偏宠下，不免成了个娇气十足的孩子。一是脾气娇，一是身体娇。身体娇只为妈妈怀她时身体虚弱，全靠吃药保住了孩子。阿必从小体弱，一辈子娇弱。"这也是转学城西，到读小学再回本校的原因。"在一级中"指在六年级这一届中，杨必年纪最小，却得了作文第一名。苏女师的附小在吉庆街小仓口，因此把杨必公举为小仓市市长，大概相当于如今的大队长、三道杠吧。

杨必后来是复旦大学副教授，翻译过萨克雷的《名利场》，是个优秀的翻译家。

我看到杨必后，才知道陈甦的话留有余地，小时了了，大未必不佳，孔融未免太尖酸刻薄了些。

223

"一文厅"的故事

　　前一阵由于杨绛先生去世，她在苏州的故居"一文厅"，再次成为人们谈论的话题。所谓再次，是因为此前杨绛回忆他的父亲老圃先生时，提到过这个"一文厅"，使得很多苏州人知道了庙堂巷杨荫杭故居就是明代的"一文厅"。当年，杨绛在《回忆我的父亲》中这样说：

　　　　……我家急需房子，恰恰有一所破旧的大房子要出卖。那还是明朝房子，都快倒塌了。有一间很高大的厅也已经歪斜，当地人称为一文厅。据说魏忠贤当权的时候，有人奏称五城造反，苏州城是其中一个。有个徐大老爷把五城改为五人，张溥《五人墓碑记》

上并没有五城改五人之说，也没见徐大老爷的名字。张謇题的安徐堂匾上有这位徐大老爷的官衔和姓名，可惜我忘了。一文厅是苏州人感激这位徐大老爷而为他建造的，一人一文钱，顷刻募足了款子，所以称为一文厅。我自从家里迁居苏州，就在当地的振华女中上学，寄宿在校，周末回家，见过那一大片住满了人的破房子。全宅住有二三十家，有平房，也有楼房。有的人家住得较宽敞，房子也较好。最糟的是一文厅，又漏雨，又黑暗，全厅分隔成二排，每排有一个小小的过道和三间房，每间还有楼上楼下。总共就是十八间小房，真是一个地道的贫民窟，挑担的小贩常说：我们挑担子的进了这个宅子，可以转上好半天呢。

杨绛没有说错，他们当年买的房子确实是明朝徐大老爷的一文厅，确实是苏州人一人一文为感激这位徐大老爷而为他建造的。但也有说错的，那就是这位徐大老爷并不是把"五城反"改为"五人反"的那位官员，改这个的另有其人，那就是当年苏州的知府寇慎，而徐大老爷这里指的是徐如珂。

关于徐如珂在这件事上起的作用，民国《吴县志》第三十九卷宅第园林章上说：

徐侍郎如珂宅在庙堂巷，后为忠仁祠

按侍郎曾祖政，隐居横山之阴，以布衣经正八邑田赋。祖言捐资建跨塘桥。父思仁善承先志，会倭变，督乡兵保障，飨士甚厚，乡里赖之。读侍郎遗文，知少壮家居跨塘，万历四十六年重修横塘扬威侯庙，手书勒碑，尚存庙壁。迨宦成，迁居城中，至今巷内人称徐大厅者，即是也。公极廉洁自守，相传建堂乏资，里人竞投一文钱，不崇朝而款集，故又称一文厅。

这里讲徐家本是苏州人，家住横山的北面（西跨塘）。他的祖父徐言曾捐资建造跨塘桥，应该是西跨塘的桥。看来家庭尚称富裕，修桥补路是积阴骘的事，但必须有钱。他的父亲徐思仁生活在倭寇横行的年代（嘉靖、万历），他曾组织乡兵，保护家园。徐如珂则生活万历后期到天启年间，他重修过扬威侯庙，综上所述，徐家祖孙三代都有功于桑梓。徐如珂做官，主要在北京，退归林下后，则迁居苏州城里，因为廉洁，手头无钱，所以苏州人就每人一钱，原文中的"不崇朝"，即不终朝，也就是不到一天，钱就到位了，建成了房子，就是那"一文厅"。这里没说苏州人为什么这么热心，似乎仅仅是因为祖孙三代积德行善的缘故。

然而，事实是当年苏州出了周顺昌事件，当魏大中被魏忠贤陷害逮捕路过苏州阊门时，周顺昌到船上为他送行，心头一热，便要将女儿许配给大中之孙。酒醉耳热之际，周顺昌破口大骂负责押解的官吏："若不知世间有不畏死之男子耶？归语魏忠贤，我即故吏部郎顺昌也。"魏忠贤对这样的挑衅自然恼怒，把周顺昌逮捕下狱。当周顺昌押解上京时，五人造反，毛一鹭欲兴大狱，奏"五城皆反"，寇慎坚持改成"五人反"，而徐如珂在京中，为了桑梓的安全，挺身而出，仗义执言，使得苏州以最小的损失而避免了屠城的危险。

据明张国维《忠仁祠碑记》，徐如珂是这样做的：

吴氓因逮吏部周公，击杀旗尉，而缇帅将谋危及巢卵，几沼吴矣。时光禄卿徐公玉立磷淄之际，鸡鸣

227

风雨之中，义惟急病，气慑强虐，入见政府曰："枌榆可无念邪？祸且不测，明公不复能归矣。"出见诸大夫曰："江南可无念邪？义激于一时，声耸于天下，岂三吴之众独下于一邑哉！危言痛切，经营委婉，于是吴民得勿罪，罪止颜佩韦等五人。"

这里写得很清楚，家乡面临劫难，徐如珂站了出来，先说服首辅，很可能是昆山人顾秉谦：如果苏州被祸，你这个首辅将被家乡人切齿痛恨，你将再也回不去了。过去高官总会回归家乡，因为家乡有祖宗的坟墓。因此，这样的话，会容易感染一颗淡漠保位的心，说动一个苏州人，去为家乡和自己努力。徐如珂说服顾秉谦后，又去说服同僚，只有上下一心，才能挽回皇帝和太监魏忠贤嗜杀的心理，他"危言痛切，经营委婉"，终于达到了目的：止罪五人。

换句话说，苏城人民是下有寇慎，上有徐如珂，两人配合默契，软硬兼施，才终于大事化小，以五个人的牺牲换回了苏州全城老百姓的生命。

徐如珂后来以党锢罢归，苏州人民感激他慷慨仗义，挽救了苏州人民，才一人一文，为他建造了一文厅作为他养老的家宅。他去世后，在一文厅的旁边，大家还建造了一个忠仁祠祭祀他。

为什么在旁边建造呢？想必是家人还在，所以建在旁边，以便于家人和民众春秋祭祀。

很多年后，杨绛的父亲杨荫杭看上了这座房子，买下了它，作为自己的苏州的居所，杨荫杭去世后，这座房产的产证留给了未出嫁的女儿杨必，最后一切公有，面目全非。

附录　钱基博谕儿两札

昨日到家，得高昌运兄并汝航空快信，悉温源宁师招汝入城，欲介绍往伦敦大学东方语文学院，教中国语文。去不去又是一说；而温师此番有意玉汝于成，总属可感！然儿勿太自喜！儿之天分学力，我之所知；将来高名厚实，儿所自有！然何以副父师之教，不负所学，则尚待儿之自力！立身务正大。待人务忠恕。我见时贤声名愈大，设心愈坏；地位愈高，做人愈错；未尝不太息痛恨，以为造物不仁，何乃为虎生翼！甚非所望于吾儿也！做一仁人君子，比做一名士尤切要！所望立定脚跟，善体吾意！不然，以汝之记丑而博笔舌犀利，而或操之以逆险之心，出之为僻坚之行，则汝之学力愈进，社会之危险愈大！在世眼见为名流在吾家岂即亢宗！

吾兄弟意气纵横，熟贯二十一史，议论古今人成败，如操左右券，下笔千言，纚纚不自休；而一生兢兢自持，唯恐或入歧途。以此落落寡合，意有所郁结不得撼，吾遁于文章以为娱嬉，而汝季父则终老其才于乡里、汝季父知计绝人，而阒其生平，未尝敢做一损人利己之事，未敢（尝）敢取一非分不义之财。吾兄弟白首相见，未尝不以此为勖；汝与诸弟所亲见也！子弟中，自以汝与钟韩为秀出，然钟韩厚重少文，而好深沉之思，独汝才辩纵横，神彩飞扬，而沈潜远不如！勿以才华超绝时贤为喜，而以学养不及古圣贤人为愧！吾与汝季父生当末世，无力禁止社会之一切恶化，然至少必尽力制止子弟不许恶化，以增进中国之危险。纬英两儿中资，亦无力为大恶。独汝才辩可喜；然才辩而或恶化，则尤可危！吾之所谓恶化，亦绝非寻常子弟之过。世所推称一般之名流伟人，自吾观之，皆恶化也，皆增进危险于中国者也！汝头角渐露，须认清路头；故不得不为汝谆谆言之！

哑泉　二十年十月三十一日

叠阅来书及大公报新月杂志，知与时贤往还，文字大忙！又见汝与张杰书云，孔子是乡绅，陶潜亦折腰。看似名隽，其实轻薄！在儿一团高兴，在我殊以为戚！以儿天资卓苹，博闻强识；正如王僧虔之于王俭所谓："我不患此儿无名，政恐名太盛耳！"南史称王僧虔"文情鸿丽，学解深拔，而韬光潜实，物莫之窥"。吾尝叹为其文其学可及，其养不可及！愿儿师之法之！我自粗有名字，汝又头角崭露；我父子非修名不立之难；修名何以善其后之难！假如政治有办法，社会上轨道；以儿之真积力久，实至自然名归！不然，高名徒以为累！父母之于子女，责任有尽，意思无穷，况儿聪明早慧，我所厚望！现在外间物论，谓汝文章胜我，学问过我；我固心喜！然不如人称汝笃实过我力行胜我，我尤心慰！清识难尚，何如至德可师！淡泊明志，凝静致远，我望汝为诸葛公陶渊明；不喜汝为胡适之徐志摩！如以犀利之笔，发激宕之论，而迎合社会浮动浅薄之心理，倾动一世；今之名流硕彦，皆自此出；得名最易，造孽实大！庄生所以叹圣知之祸，而非我之所望于儿也！吾儿读破万卷书，意趣识见，总须不为流俗所囿！三国志南北史五代史，暇当常读；即知古来才人杰士，乱世如何处法；或显世抗厉，或混迹齐凡。其中亦有恃其聪明才知（智），祸国殃民以自殃祸者！何去何从，切己体察，此乃真实学问！倘或予智自雄，忍俊不禁，异日必贻无穷之悔；思之重思之！我涉世三十年，无事不退一步；应得之名勿得，应取之财勿取；人或笑为拙，而在我则世味稍

恬，意趣转长！老子所谓治人事天莫若啬也！总之学问贵乎
自得，际遇一任自然，从容大雅，勿急功邀名，即此便睹识
量。黄仲苏先生信来，极念汝。我无日不为疾痛所苦；而此
间亦有好学深思之士，则亦以自慰！锺英在此，文章渐入道
古，聆我讲说，亦有赏会。此亦可喜！我现课之细读六朝文
絜。追逐阿兄，固非所望；或能绍我家学也，我所自力者如
此，其余付之悠悠而已！不一。

哑泉　二十一年十一月十七日

图书在版编目（CIP）数据

钱杨摭拾：钱钟书、杨绛及其他 / 黄恽 著. —— 北京：东方出版社，2016.12
ISBN 978-7-5060-9407-8

Ⅰ.①钱… Ⅱ.①黄… Ⅲ.①钱钟书（1910–1998）—人物研究②杨绛
（1911–2016）—人物研究 Ⅳ.①K825.6

中国版本图书馆CIP数据核字（2016）第308217号

钱杨摭拾：钱钟书、杨绛及其他
（QIANYANG ZHISHI:QIANZHONGSHU YANGJIANG JI QITA）

作　　者	黄　恽
策　　划	陈　卓
责任编辑	闫　妮
封面设计	周伟伟
出　　版	东方出版社
发　　行	人民东方出版传媒有限公司
地　　址	北京市东城区东四十条113号
邮政编码	100007
印　　刷	北京楠萍印刷有限公司
版　　次	2017年4月第1版
印　　次	2017年4月第1次印刷
开　　本	787毫米×1092毫米 1/32
印　　张	7.75
字　　数	120千字
书　　号	ISBN 978-7-5060-9407-8
定　　价	39.00元
发行电话	（010）85924663　85924644　85924641